要做敢于斗争、善于斗争的战士。
领导干部要召之即来、来之能战、战之必胜。

——**习近平**

发扬斗争精神 增强斗争本领

杨瑞勇◎主编

中共中央党校出版社

图书在版编目（CIP）数据

发扬斗争精神　增强斗争本领／杨瑞勇主编．--北京：中共中央党校出版社，2019.9

ISBN 978-7-5035-6658-5

Ⅰ.①发…　Ⅱ.①杨…　Ⅲ.①中国共产党-党校-文集　Ⅳ.①D261.41-53

中国版本图书馆CIP数据核字（2019）第210862号

发扬斗争精神　增强斗争本领

FAYANG DOUZHENG JINGSHEN ZENGQIANG DOUZHENG BENLING

责任编辑　曾忆梦　席　鑫

版式设计　苏彩红

责任印制　陈梦楠

责任校对　马　晶

出版发行　中共中央党校出版社

地　　址　北京市海淀区长春桥路6号

电　　话　（010）68929580（办公室）　（010）68929899（发行部）

（010）68922815（总编室）　（010）68929342（网络销售）

传　　真　（010）68922814

经　　销　全国新华书店

印　　刷　北京盛通印刷股份有限公司

开　　本　700毫米×1000毫米　1/16

字　　数　189千字

印　　张　13.25

版　　次　2019年9月第1版　2019年9月第1次印刷

定　　价　48.00元

网　　址：www.dxcbs.net　**邮　　箱**：zydxcbs2018@163.com

微 信 ID：中共中央党校出版社　**新浪微博**：@党校出版社

目　录

前　言/1

1　马克思主义产生和发展的历程充满着斗争的艰辛/1
2　社会主义国家诞生和发展的历程充满着斗争的艰辛/8
3　党和人民的事业都是在斗争中诞生、发展、壮大的/14
4　“四个伟大”使我们党对自身肩负历史使命的认识达到了新的高度/19
5　在新的历史条件下我们要进行“伟大斗争”/26
6　实现伟大梦想必须进行“伟大斗争”/34
7　共产党人的斗争是有方向、有立场、有原则的/41
8　共产党人的斗争从来都是奔着矛盾问题、风险挑战去的/46
9　要始终发扬斗争精神/53
10　要始终保持坚韧的斗争意志/59
11　要切实增强斗争本领/64
12　要做敢于斗争、善于斗争的战士/70
13　要讲求斗争艺术/76
14　领导干部要召之即来、来之能战、战之必胜/81
15　面对大是大非敢于亮剑/88
16　面对矛盾敢于迎难而上/95

17　面对危机敢于挺身而出/102
18　面对歪风邪气敢于坚决斗争/107
19　面对消极腐败敢于坚决斗争/114
20　面对新的形式主义、官僚主义敢于坚决斗争/121
21　面对特权思想和特权现象敢于坚决斗争/127
22　面对危害政治安全的风险挑战敢于坚决斗争/134
23　面对危害国土安全的风险挑战敢于坚决斗争/144
24　面对危害经济安全的风险挑战敢于坚决斗争/151
25　面对危害社会安全的风险挑战敢于坚决斗争/158
26　面对危害网络安全的风险挑战敢于坚决斗争/166
27　面对危害外部安全的风险挑战敢于坚决斗争/173
28　领导干部要经受严格的思想淬炼、政治历练、实践锻炼/180
29　发扬斗争精神、提高斗争本领永远在路上/187
30　永远把人民对美好生活的向往作为奋斗目标/193

附　件：习近平在中央党校（国家行政学院）中青年干部培训班开班式上发表重要讲话（2019 年 9 月 3 日）/199
后　记/202

前 言

党的十八大以来，习近平多次强调，在新的历史条件下我们要进行“伟大斗争”。实现伟大梦想必须进行“伟大斗争”。面对新形势新挑战，要发扬斗争精神，既要敢于斗争，又要善于斗争。全党要充分认识伟大斗争的长期性、复杂性、艰巨性，发扬斗争精神，提高斗争本领，不断夺取伟大斗争新胜利。2019年9月3日，习近平在秋季学期中央党校（国家行政学院）中青年干部培训班开班式上发表重要讲话强调，发扬斗争精神，增强斗争本领，为实现“两个一百年”奋斗目标、实现中华民族伟大复兴的中国梦而顽强奋斗。

中华民族伟大复兴，绝不是轻轻松松、敲锣打鼓就能实现的，实现伟大梦想必须进行伟大斗争。在前进道路上我们面临的风险考验只会越来越复杂，甚至会遇到难以想象的惊涛骇浪。我们面临的各种斗争不是短期的而是长期的，至少要伴随我们实现第二个百年奋斗目标全过程。必须增强“四个意识”，坚定“四个自信”，做到“两个维护”，坚定斗争意志，当严峻形势和斗争任务摆在面前时，骨头要硬，敢于出击，敢战能胜。

发扬斗争精神，增强斗争本领，是对人类社会发展规律的自觉遵循，是对中国共产党历史经验的深入总结，也是当前我们面临的形势和任务的客观需要。当前，“中华民族伟大复兴号”巨轮已经驶入新时代中国特色社会主义的宽阔水域，并将不断驶向大海远洋深蓝，机遇与挑战都摆在我们面前，要实现我们的宏伟目标任务，我们广大党员干部就必须发扬斗争精神，坚定斗争意志，增强斗争本领，讲求斗争艺术，并要战胜前进道路上的一切风险挑战。

本书立足当前现实，针对不断出现的矛盾、问题、困难，结合习近平总书记最新重要讲话精神，以新颖独到的视角、权威翔实的资料、通俗易懂的语言、深入浅出的道理，从斗争的艰辛历程、“伟大斗争”、斗争方向立场原则、斗争精神、斗争意志、斗争本领、斗争艺术、当前斗争重点难点急点等方面，阐述了党员领导干部新时代如何在知行合一中敢于斗争、善于斗争、斗则必胜的政治定力、思维方式、思想方法和工作方法，提出了实践要求、工作指导和践行提醒。

本书既有理论上的探讨性、前瞻性、引导性，又有实践上的针对性、实用性、时效性；既可作为党员干部自我净化、自我完善、自我革新、自我提高的理论读物，也可作为将要走进干部队伍的读者朋友自我学习、自我励志、自我改造、自我修炼的辅导读物。尤其是有助于广大党员干部学习领会贯彻习近平关于发扬斗争精神提高斗争本领重要讲话精神，更好地自觉主动学、及时跟进学、联系实际学、笃信笃行学，增强“四个意识”，坚定“四个自信”，做到“两个维护”，锤炼忠诚干净担当的政治品格，发扬斗争精神、提高斗争本领，自觉主动争做敢于斗争、善于斗争的战士，把初心和使命落实到本职岗位上、一言一行中，为实现“两个一百年”奋斗目标、实现中华民族伟大复兴的中国梦作出应有的更大贡献。

编　者

2019年9月28日

1 马克思主义产生和发展的历程充满着斗争的艰辛

重要背景

2019年9月3日上午，中共中央总书记习近平在中央党校（国家行政学院）秋季学期中青年干部培训班上发表的重要讲话中指出，马克思主义产生和发展、社会主义国家诞生和发展的历程充满着斗争的艰辛。建立中国共产党、成立中华人民共和国、实行改革开放、推进新时代中国特色社会主义事业，都是在斗争中诞生、在斗争中发展、在斗争中壮大的。

毛泽东在总结中国新民主主义革命经验的基础上提出：中国共产党领导的以农民为主体的革命战争，是中国革命的主要斗争形式。抗日战争时期，毛泽东在《战争和战略问题》《〈共产党人〉发刊词》等文章中指出：在中国，主要的斗争形式是战争。毛泽东还指出，除了武装斗争这个主要形式之外，还有其他各种形式的斗争，如工人的斗争，农民的斗争，青年的、妇女的、一切人民的斗争，政权的斗争，经济战线上的斗争，锄奸战线上的斗争，思想战线上的斗争等，都是非常重要的，都是必不可少、不容忽视的。没有这些斗争形式的配合，武装斗争就不能取得胜利。中华人民共和国成立后，面对旧社会遗留下来的不良风气，毛泽东提出了新战线上的斗争。1952年1月1日，中央人民政府在中南海怀仁堂举行团拜会上发表元旦祝词，其中有一段最令人振奋，而又让不少人感到巨大压力的祝词是："我还要祝我们在新开辟的一条战线上的胜利，这就是号召我国全体人民和一切工作人员一致起来，大张旗鼓地，雷厉风行地，开展一个大规模的反对贪污、反对浪费、反对官僚主义的斗争，将这些旧社会遗留下来的污毒洗干净！"1月3日，《人民日报》在一版显著位置发表毛泽东的元旦祝词（1月2日《人民日报》休刊），其精心编排的《中央人民政府举行元旦团拜　毛泽东主席致祝词　号召大张旗鼓地开展反对贪污、反对浪费、反对官僚主义斗争》的大标题，非常醒目。

开放论述

马克思主义是马克思主义理论体系的简称，马克思主义理论体系覆盖了马克思本人关于未来社会形态——科学社会主义的全部观点和全部学说。马克思主义是适应斗争的需要而产生的，也是在斗争中不断发展的。

马克思主义产生于资本主义社会。资本主义制度促进了社会生产力的巨大发展，同时又产生了自身无法克服的矛盾，这促使人们全面思考经济在社会生活中的作用和社会历史发展的规律等问题，引起了人们对资本主义制度合理性的怀疑，同时又引发并加剧了资本主义制度下两个最基本阶级——工人阶级与资本家阶级之间的阶级矛盾。因此，资本主义固有矛盾的发展，预示着未来社会革命的性质和历史发展的方向，这为马克思主义的产生提供了经济社会的条件和基础。无产阶级反对资产阶级的斗争日趋激化，对科学理论的指导提出了强烈的需求，这就成为马克思主义产生的阶级基础和实践基础。

马克思主义是在吸收了几千年来人类思想和文化发展中的一切优秀成果，尤其是在批判地继承、吸收人类19世纪所创造的优秀成果——德国古典哲学、英国古典政治经济学和法国英国的空想社会主义合理成分的基础上，在总结资本主义制度发展和工人阶级斗争实践基础上创立和发展起来的。19世纪40—60年代，马克思恩格斯创立了唯物史观和剩余价值学说，实现了人类思想史上的伟大变革，创立了马克思主义。

马克思主义是在实践中产生的，并在实践中不断丰富和发展。这种发展，除了马克思恩格斯根据实践的发展对自己创立的理论不断发展和完善外，其后首先是由列宁等马克思主义者在领导俄国革命中实现的。十月革命一声炮响给中国送来了马克思主义，使以陈独秀、李大钊、毛泽东、周恩来等为代表的中国先进知识分子开始走向以马克思列宁主义为指导，以中国工人阶级为依托的新民主主义革命和社会主义革命道路。中国共产党诞生后，不仅将马克思列宁主义作为自己的指导思想，而且还根据中国的具体实际发展了马克思主义，先后产生了毛泽东思想和中国特色社会主义理论体系。中国特色社会主义理论体系包括邓小平理论、“三个代表”重要思想、科学发展观、习近平新时代中国特色社会主义思想等指导思想在内的科学理论体系。

马克思主义的创立充满艰辛和斗争，其主要创立者马克思选择了一条艰难的人生旅途：几乎长达40年的流亡生活，40年的拼命工作，40年的贫困和牺牲。由于马克思对共产主义事业的卓越贡献和对地主、资产阶级的无情揭露和批判，使得一切反动势力诅咒他、驱逐他。他不得不携持家小四处转移，其生活困难程度有时达到难以想象的地步。在反动统治者的迫害下，马克思不得不离开自己的祖国，终生飘泊国外。“我是世界公民”，这是马克思的名言，也是马克思流亡生涯的真实写照。由于马克思极其贫穷，为生活所迫，他曾多次迁居。尽管马克思一家人日子过得很艰难，但他没有退缩。他说：“不管遇到什么障碍，我都要朝着我的目标前进。”他一生虽然历尽坎坷，仍然一往无前。他对目标始终如一，忠贞不渝，无怨无悔，是源于目标的博大和宏伟。这个目标，不是个人的安乐与享受，而是无产阶级和全人类的解放事业。这是他在青年时代就立下了的誓言。

列宁在领导俄国革命的实践中，坚持马克思主义和新的历史时代的无产阶级革命运动相结合，深入研究了资本主义发展到帝国主义阶段的规律，总结了无产阶级和资产阶级阶级斗争的新经验，概括了20世纪初期社会科学、自然科学发展的最新成果，创造性地运用和发展了马克思主义，从而使马克思主义理论达到了一个新阶段，即列宁主义。列宁主义和马克思主义一样，其产生和形成过程充满艰辛和斗争。在中学的读书时期，列宁就开始学习俄国革命民主主义者的著作。他1887年进入喀山大学学习，曾因参加革命活动被捕。1889年，列宁来到俄国工人运动的中心彼得堡，深入工人群众，宣传马克思主义。1895年，他把彼得堡20多个马克思主义小组联合起来，成立了“工人阶级解放斗争协会”。协会开始把马克思主义同工人运动结合起来。莫斯科、基辅等地也建立了类似的组织。1895 年 12 月，列宁被沙皇政府逮捕，后来被流放到西伯利亚。1900 年，列宁流放期满后，同普列汉诺夫等人创办了《火星报》。他在这份报纸上发表了一系列文章，宣传马克思主义，批判修正主义，科学地阐明革命理论对工人运动和党的建设的重大指导意义。俄国的先进工人和社会民主党人都团结在《火星报》的周围。在《火星报》进行大量工作的基础上，1903 年召开了俄国社会民主工党第二次全国代表大会。从这时起，拥护列宁的人，因在选举中获得多数票，故被称为布尔什维克（俄文译音，意指多数派）；获得少数票的，被称为孟什维克（俄文译音，意指少数派）。布尔什维主义的出现，标志着新型无产阶级政党在俄国的建立，标志着列宁主义的诞生。

马克思主义中国化的过程，是马克思列宁主义同中国革命实践相结合的过程，同时也是和各种“左”、右倾错误思想斗争的过程。新民主主义革命早期，马克思主义刚刚传入中国，人们对马克思主义的理解不够深刻，对中国的革命实践分析不够透彻，未能有效将两者结合起来，甚至出现比较严重的教条主义，照搬马克思主义基本原理和苏联社会主义革命经验。以毛泽东同志为代表的中国共产党人，在新民主主义革命时期，依据中国革命实际情况，坚持马克思主义的指导，将马克思主义革命理论与中国具体革命实践紧密结合起来，找到中国特色的革命道路，形成了马克思主义中国化的最早成果——毛泽东思想。在这一创新理论的指导下，我们党领导中国人民浴血奋战，最终取得新民主主义革命的伟大胜利，建立新中国，完成了社会主义“三大改造”任务，开启社会主义建设的伟大征程。中华人民共和国成立后，中国共产党人顺应时代变化需求，不断推进马克思主义中国化，先后形成邓小平理论、“三个代表”重要思想、科学发展观等马克思主义中国化重大创新成果。党的十八大以来，国际国内形势发生深刻变化，历史积累的许多问题亟待解决，新时代又产生了许多新问题。在国家发展改革的重要时刻，以习近平同志为核心的党中央将马克思主义基本原理与新时代中国社会实践结合起来，提出人民对美好生活的向往就是我们的奋斗目标，要实现中华民族伟大复兴的中国梦等一系列新思想新理念新论断，形成了马克思主义中国化的崭新理论成果——习近平新时代中国特色社会主义思想。

名篇摘录

实践的观点是马克思主义哲学首要的、基本的观点。马克思和恩格斯的哲学可称为“实践的唯物主义”。实践性确实是马克思主义哲学区别于其他哲学的基本特点之一。马克思主义在指导无产阶级革命实践的过程中实现自己的历史使命，又在这种实践的过程中使自身不断经受检验，获得丰富和发展。也正是在这个意义上，马克思、恩格斯多次指出，他们的理论不是教条，而是行动的指南；对他们理论中一般原理的实际运用“随时随地都要以当时的历史条件为转移”。

——摘录自《斗争精神是马克思主义固有的理论品格》，

董振华，光明网—理论频道，2019 年 2 月 18 日

中国共产党的不懈奋斗史，是一部不断发扬斗争精神并实现超越的历史。面对各种艰难险阻、危难关口乃至生死考验，我们不仅牢牢守住了底线，更形成了敢于斗争、善于斗争的优良传统和宝贵经验。

以鲜明的斗争立场坚持底线思维。

以恰当的斗争策略坚持底线思维。

以丰富的斗争经验坚持底线思维。

——摘录自《以斗争精神坚持底线思维》，

古荒，《解放军报》，2019 年 4 月 29 日

践行提醒

马克思主义的产生和发展是充满艰辛和斗争的过程，是在总结无产阶

级斗争经验和人类自然科学、社会科学优秀成果的基础上产生的，它深刻揭示了客观世界特别是人类社会发展的普遍规律，揭示了社会主义必然代替资本主义并最终实现共产主义的普遍规律，是无产阶级进行革命和建设的科学思想体系。世界无产阶级革命的实践反复证明，马克思主义是对自然、社会和人类精神运动一般规律的正确反映，具有科学性和真理性，具有强大的生命力；马克思主义的产生和发展来之不易，我们应该倍加珍惜。中国共产党人的初心和使命，就是为中国人民谋幸福，为中华民族谋复兴。今天，我们必须牢记中国共产党人的初心和使命，脚踏实地，阔步前进，坚定对马克思主义的信念。理想信念的坚定执着，来自于理论上的清醒透彻。要对马克思主义有一个清醒透彻的理解，这没有捷径，唯有真学，然后才能真懂、真信、真用，也才能够坚定执着、坚强有力。

中国共产党是在斗争中诞生、成长、壮大的政党。始终保持斗争精神是中国共产党人在革命、建设、改革中取得一个又一个胜利的重要法宝。中国共产党之所以能够完成近代以来各种政治力量不可能完成的艰巨任务，就在于始终把马克思主义这一科学理论作为自己的行动指南，并结合中国实际，在革命、建设的长期实践中发展了马克思主义。一部马克思主义中国化的历史，既是一代代共产党人薪火相传、生生不息的理论传承和发展史，又是无数马克思主义者前赴后继、孜孜以求的开拓史和实践史。没有不断创新的马克思主义中国化理论成果，社会主义实践必然缺乏科学理论的指引，失去前进的方向和灯塔；没有不断发展的社会主义实践，马克思主义中国化的理论成果就会缺乏必要的现实支撑，失去创新的基础和源泉。实践发展永无止境，马克思主义中国化的脚步也永不停歇。中国特色社会主义进入新时代，马克思主义中国化也随之迈入新的发展阶段。不断开创马克思主义中国化的新境界，必须抓住和用好习近平新时代中国特色社会主义思想这一马克思主义中国化的最新理论成果，以此解释和改造现实世界，引领中华民族在实现伟大复兴中国梦的康庄大道上稳步前行。

今天，中华民族正处在伟大复兴的关键时期，改革发展正处在克难攻坚、闯关夺隘的重要阶段，马克思主义中国化面临着难得的历史机遇，也面临着一系列重大风险考验。增强斗争精神，提高斗争本领，是新时代对中国共产党人提出的客观要求。从思想方法上说，社会是在矛盾运动中前进的，有矛盾就会有斗争。从国内形势发展来说，我国当前仍然存在许多重大挑战、重大风险、重大阻力、重大矛盾，进行伟大斗争非但不可避免，而且极为重要。从国际环境看，当今世界正处于大发展大变革大调整时期，经济全球化大潮滚滚向前，但保护主义、单边主义为世界经济增长蒙上了阴影，“美国优先”、别人靠边的霸凌主义不断挑战世界贸易乃至整个经济政治交往的正常秩序。可以预见，中华民族伟大复兴，绝不是轻轻松松、敲锣打鼓就能实现的，在前进道路上我们面临的风险考验只会越来越复杂，我们面临的各种斗争不是短期的而是长期的。党员干部特别是领导干部要努力学习和锤炼进行伟大斗争的能力、素质和本领。第一，要着力增强战略眼光，善于用战略思维分析、看待所面对的客观形势、复杂问题，培养顽强坚毅的战略定力。第二，要着力加强理论和思想武装，提升学习和掌握马克思主义看家本领，并自如地运用到新时代的伟大斗争中去。第三，要着力探索和改进斗争的方法和艺术，坚持一般与特殊、共性与个性相统一的原则，不断提升斗争实效。

2 社会主义国家诞生和发展的历程充满着斗争的艰辛

重要背景

2019年9月3日，习近平在中央党校（国家行政学院）中青年干部培训班开班式上发表重要讲话时指出，马克思主义产生和发展、社会主义国家诞生和发展的历程充满着斗争的艰辛。建立中国共产党、成立中华人民共和国、实行改革开放、推进新时代中国特色社会主义事业，都是在斗争中诞生、在斗争中发展、在斗争中壮大的。当今世界正处于百年未有之大变局，我们党领导的伟大斗争、伟大工程、伟大事业、伟大梦想正在如火如荼进行，改革发展稳定任务艰巨繁重，我们面临着难得的历史机遇，也面临着一系列重大风险考验。习近平曾多次强调，社会主义来之不易，是历尽千辛万苦、付出各种代价取得的。

1917年11月7日晚9时40分，列宁领导的武装起义前线指挥部下达命令，停泊在涅瓦河上的阿芙乐尔号巡洋舰"轰"的一声巨响，士兵、工人赤卫队潮水般冲进东宫。当日晚，全俄苏维埃第二次代表大会在斯莫尔尼宫召开，大会宣读了列宁起草的《告工人、士兵、农民书》，成立了苏维埃政府人民委员会，建立了世界上第一个社会主义国家，使科学社会主义由理论成为现实，开创了人类历史的新纪元。从此，社会主义运动在同资本主义的斗争中蓬勃开展，社会主义国家纷纷建立。正如毛泽东指出的："十月革命一声炮响，给我们送来了马克思列宁主义。十月革命帮助了全世界的也帮助了中国的先进分子，用无产阶级的宇宙观作为观察国家命运的工具。"

进入20世纪80年代后，面对经济社会发展困境，苏联和东欧国家也想进行一些调整，但在西方等各种势力强大攻势之下，这种调整偏离了正确方向，终于导致1989年东欧国家先后发生剧变，1991年苏联解体、苏共解散，使世界社会主义遭受了重大曲折。

在世界社会主义运动遇到严重挫折的时候，邓小平以资本主义代替封建主义发生过多次王朝复辟的历史事实为例，满怀信心地说："一些国家出现严重曲折，社会主义好像被削弱了，但人民经受锻炼，从中吸取教训，将促使社会主义向着更加健康的方向发展。"事实证明，中国之所以取得巨大成功，正是因为始终坚守社会主义、共产主义的理想信念不动摇，坚定不移地走中国特色社会主义道路，坚持发扬革命精神和斗争精神。

开放论述

斗争精神是马克思主义固有的理论品格和精神特质。对立统一规律是唯物辩证法的实质和核心。从对立统一规律出发，马克思主义认为，矛盾就是事物之间或事物内部诸要素之间既对立又统一的关系，表现为矛盾的同一性和矛盾的斗争性，二者中，矛盾的同一性是相对的，斗争性则是绝对的。马克思主义唯物辩证法告诉我们，社会是在矛盾运动中前进的，有矛盾就有斗争。历史辩证法也揭示，社会是在螺旋式上升中前进的。斗争是人类社会发展运动规律的一个基本现象。

发扬斗争精神，是对人类社会发展规律的自觉遵循。马克思主义者向来就不讳言斗争，马克思主义产生和发展的历程中就充满着斗争的艰辛，自诞生之日起就与旧唯物主义、唯心主义和种种机会主义、修正主义作斗争。马克思说："如果斗争只是在有极顺利的成功机会的条件下才着手进行，那末创造世界历史未免就太容易了。"但是，马克思主义所固有的斗争精神绝不仅是存在于思想观念中，更是在实践中不断发生的。马克思主义正是在指导无产阶级斗争实践的过程中实现自己的历史使命，又在这种斗争的全过程中使理论体系不断经受检验，获得丰富和发展。

发扬斗争精神，是世界社会主义国家革命和建设的必然要求。十月革命的一声炮响，使科学社会主义第一次从理论变为现实，从而开创了人类历史的新纪元，开创了人类由资本主义社会过渡到社会主义社会的新时代。在它的影响下，民族独立和民族解放运动遍及亚非拉，中国、东欧等一批国家，先后走上了社会主义道路，极大地改变了世界的面貌。在几十年的社会主义实践中，苏联成了当时世界上的第二大强国，初步显示了社会主义制度的优越性。虽然在20世纪80年代末90年代初发生了东欧剧变、苏联解体，世界社会主义遭受了严重挫折，但是十月革命开创的社会主义的发展道路是永存的，它改变了人类历史发展进程，像一座灯塔一样影响和鼓舞世界无产阶级革命进入了波澜壮阔的崭新时代。

发扬斗争精神，是对中国共产党历史经验的深入总结。中国共产党是伟大的无产阶级革命政党，革命性是党与生俱来的鲜明品格。顺应社会革命的历史呼唤，1921年7月，中国共产党正式成立，并在党的第一个纲领中宣示“以社会革命为自己政策的主要目的”，旗帜鲜明地把实现社会主义和共产主义作为自己的奋斗目标。党带领人民推翻了帝国主义、封建主义、官僚资本主义的压迫，结束了国家战乱频仍、四分五裂的局面，建立了中华人民共和国，实现了民族独立和人民解放。在中华人民共和国成立后，党领导人民进行社会主义革命和建设，在一穷二白的基础上建立了独立的比较完整的工业体系和国民经济体系，使古老的中国以崭新的姿态屹立于世界东方。党的十一届三中全会的召开，我国进入了改革开放和社会主义现代化建设新时期，成功开创了中国特色社会主义。

发扬斗争精神，是当前我们面临的形势和任务的客观需要。中国共产党从小到大，从弱到强，每一步前进和发展都经历了无比艰辛的斗争历程。今天，“中国号”巨轮驶入新时代中国特色社会主义的宽阔水域，机遇与挑战都摆在面前。我们党要团结带领人民有效应对重大挑战、抵御重大风险、克服重大阻力、解决重大矛盾，必须进行具有许多新的历史特点的伟大斗争。“船到中流浪更急、人到半山路更陡”。在前进道路上我们面临的风险考验只会越来越复杂，甚至会遇到难以想象的惊涛骇浪。我们面临的各种斗争不是短期的而是长期的，至少要伴随我们实现第二个百年奋斗目标全过程。

名篇摘录

马克思主义产生和发展、社会主义国家诞生和发展的历程充满着斗争的艰辛。中国共产党成立以来，带领人民进行革命、建设和改革，取得的一切成就、赢得的一切胜利，无不来自艰苦卓绝斗争。中青年干部必须深入学习贯彻习近平总书记在开班式上的重要讲话精神，淬炼政治忠诚，坚定斗争意志，不断从党的光辉斗争历史里汲取丰富养分、传承红色基因，做到不忘初心、牢记使命，切实筑牢敢于斗争、善于斗争的思想根基。

——摘录自《中青年干部要做敢于斗争善于斗争的战士》，
本报记者：吴青、闫书华、石伟，
《学习时报》，2019 年 9 月 4 日

发扬斗争精神，增强斗争本领，是对人类社会发展规律的自觉遵循，是对中国共产党历史经验的深入总结，也是当前我们面临的形势和任务的客观需要。马克思主义认为矛盾是社会发展的动力，人类社会之所以从低级形态向高级形态不断变化发展，本质上就是矛盾的同一性与斗争性的产物。中国共产党从小到大，从弱到强，每一步前进和发展都经历了无比艰辛的斗争历程。今天，“中国号”巨轮驶入新时代中国特色社会主义的宽阔水域，机遇与挑战都摆在我们面前，要实现我们的目标任务，广大党员干部就必须发扬斗争精神，坚定斗争意志，增强斗争本领。

——摘录自《发扬斗争精神　增强斗争本领》，
本报评论员，《光明日报》，2019 年 9 月 6 日

践行提醒

在世界社会主义蓬勃发展的进程中，1949 年 10 月 1 日，中国共产党带领全国各族人民经过 28 年的艰苦抗战，终于建立了新中国。夺取政权

不易，巩固政权更不易。中华人民共和国成立之初，我们“一辆汽车、一架飞机、一辆坦克、一辆拖拉机都不能制造”，面对战争威胁，党带领人民奋勇前进，取得了以“两弹一星”为标志的重大科技成果，并为建设独立完整的工业体系打下了坚实基础。改革开放以来，我们党推动改革开放和中国特色社会主义事业行稳致远，取得了巨大的成就。党的十八大以来，中国特色社会主义进入新时代，在不断攻坚克难中，我们取得了历史性成就，发生了历史性变革。各种风险挑战无处不在，辉煌成就的取得来之不易，前行的道路上仍然布满荆棘、充满坎坷，我们必须立足不断变化的环境和形势，坚持理想信念不动摇、革命意志不涣散、奋斗精神不懈怠，永葆党的先进性和纯洁性，将具有许多新的历史特点的伟大斗争进行到底。

马克思主义认为，矛盾是社会发展的动力，人类社会之所以从低级形态向高级形态不断变化发展，本质上就是矛盾的同一性与斗争性的产物。在中华人民共和国成立 70 周年之际，在全面深化改革进入深水区之时，需要我们以毫不动摇的信心与决心，坚持战无不胜的毅力和勇气，将斗争精神贯穿在深化改革、稳定发展的全过程。

把握正确的斗争方向。方向问题就是路线问题，把握正确的斗争方向就是坚持中国共产党领导，坚持中国特色社会主义道路，坚持以习近平新时代中国特色社会主义思想武装全党。无论何时何地，遇到任何困难与风险，遇到任何问题和挑战，正确斗争方向的坚守都能使领导干部始终保持清醒的头脑，而不会迈错步子，乱了分寸。

站稳坚定的斗争立场。斗争立场就是斗争原则，时刻以人民为中心、以国家核心利益为原则，是参与斗争的基本立场。在这个前提下开展斗争，才能真正地为人民谋幸福，为国家谋发展，为民族谋复兴。在改革过程中，哪里有障碍，哪里就要改革，哪里就有斗争；在发展过程中，哪里有贫困，哪里就要发展，哪里就有斗争。在大事难事面前敢于斗争，在大是大非面前敢于亮剑。

运用科学的斗争方法。要时刻保持忧患意识，在一次次的斗争实践中，运用前瞻性、预判性的战略思维，运用科学有效的斗争方法，淬炼斗争意志，保持斗争定力，不断增强斗争本领，不断提高斗争能力。只有将斗争方法的合理性、时效性与实际困难紧密结合起来，遇到问题要分析透彻问题背后的原因本质，遇到矛盾要抓住主要矛盾和矛盾的主要方面，才能不断提高斗争的识别力、分辨力和执行力。

3　党和人民的事业都是在斗争中诞生、发展、壮大的

重要背景

2019 年 9 月 3 日，习近平在中央党校（国家行政学院）中青年干部培训班开班式上发表重要讲话指出，马克思主义产生和发展、社会主义国家诞生和发展的历程充满着斗争的艰辛。建立中国共产党、成立中华人民共和国、实行改革开放、推进新时代中国特色社会主义事业，都是在斗争中诞生、在斗争中发展、在斗争中壮大的。当今世界正处于百年未有之大变局，我们党领导的伟大斗争、伟大工程、伟大事业、伟大梦想正在如火如荼进行，改革发展稳定任务艰巨繁重，我们面临着难得的历史机遇，也面临着一系列重大风险考验。党的十八大以来，习近平曾多次强调过要发扬斗争精神，增强斗争本领。

中国共产党的奋斗史，就是一部鲜活的革命史。中国共产党一经成立，就将为中国人民谋幸福、为中华民族谋复兴作为奋斗目标。成立初期，党将广泛发动群众进行革命运动作为主要任务，在斗争中实现革命目标。在 1924—1927 年的大革命运动中，党面临的首要的根本任务，就是找到中国新民主主义革命的正确方向道路。大革命的惨痛失败，把革命方向道路问题严重地急迫地摆在中国共产党人的面前。

大革命失败的教训，使毛泽东等人最先警醒。八七会议前后，毛泽东提出了“上山”和“在枪杆上夺取政权，建设政权”的主张。此后，创建工农红军，开展土地革命，创建湘赣革命根据地，成功进行“工农武装割据”。中国共产党领导人民群众经过 28 年的艰苦斗争，终于推翻了“三座大山”的压迫，迎来了中华人民共和国的成立。

在社会主义革命和建设时期，毛泽东强调，革命的目的是解放和发展生产力。他指出，阶级斗争仅仅是为建设、为发展生产、为由农业国到工业国、为人民生活的提高开辟道路。1956年在基本完成社会主义改造、我国社会主义基本制度全面确立时，他再次宣布党和国家的中心任务就是搞建设。

邓小平指出："革命是解放生产力，改革也是解放生产力。推翻帝国主义、封建主义、官僚资本主义的反动统治，使中国人民的生产力获得解放，这是革命，所以革命是解放生产力。社会主义基本制度确立以后，还要从根本上改变束缚生产力发展的经济体制，建立起充满生机和活力的社会主义经济体制，促进生产力的发展，这是改革，所以改革也是解放生产力。"所以说，"改革是中国的第二次革命"。

开放论述

中国共产党成立近百年来，历经风雨坎坷，在斗争中诞生、在斗争中发展、在斗争中壮大，经过千锤百炼，艰苦卓绝，玉汝于成，成就为一个无坚不摧、充满生机活力的坚强大党，锻造出一个极富斗争精神、极具斗争本领的大党。也正是在长期复杂又丰富的斗争实践中，我们成立中华人民共和国、实行改革开放、不断推进新时代中国特色社会主义事业。

回顾历史，为了实现中华民族伟大复兴，中国人民和无数仁人志士进行了千辛万苦的探索和不屈不挠的斗争。可是，从太平天国运动、戊戌变法到义和团运动，一次次奋起抗争都失败了。十月革命一声炮响，给中国送来了马克思列宁主义。在中国人民奋起反抗封建统治和外来侵略的激烈斗争中，马克思列宁主义实现了与中国革命的有机结合，中国共产党应运而生。

中国共产党自成立伊始，就把实现共产主义作为党的最高理想和最终目标，义无反顾肩负起实现中华民族伟大复兴的历史使命。团结带领人民历经千难万险，与帝国主义、封建主义、官僚资本主义三座大山作斗争，与阻碍国家和民族发展的一切思想和体制障碍作斗争。在不懈斗争中，党和人民谱写了气吞山河的壮丽史诗，建立了新中国，确立了社会主义基本制度，完成了中华民族有史以来最为广泛而深刻的社会变革。

中华人民共和国成立之初，面对“一穷二白”“满目疮痍”的国家现状，面对国际、国内还存在的各种反动势力，我们党时刻应对挑战、克服困难、战胜风险、破解危局。在国内外的复杂局势下，党采取了一系列积极稳健的政策措施，有条不紊地领导人民巩固新生政权，恢复工农业生产，稳定物价，统一全国财经，推进社会主义建设。“文化大革命”造成了国家经济、政治、社会等各方面的破坏，面对国家严重局面和中国向何处去的关键抉择，我们党不断解放思想，提出“实践是检验真理的唯一标准”，在艰难的斗争中找到了发展社会主义的新路。

在改革开放的伟大征程中，我们不断解放和发展社会生产力，明确提出必须搞清楚什么是社会主义、怎样建设社会主义这个重大理论问题和实际问题，成功开创了中国特色社会主义，形成了中国特色社会主义道路、理论、制度、文化，取得了举世瞩目的发展成果。

中国特色社会主义进入新时代，我们党还将进行具有许多新的历史特点的伟大斗争。党的十八大以来，在以习近平同志为核心的党中央坚强领导下，党和国家事业得到了重大发展，发生历史性变革，取得历史性成就。但是，我们一定要看到，在伟大成就的背后，机遇和挑战、成就与风险是并存的。在前进的道路上，我们面临的风险考验只会越来越复杂，甚至会遇到难以想象的惊涛骇浪。在这种情况下，我们更需坚持党的领导和社会主义制度这一斗争的大方向不动摇，继承和发扬斗争精神，不断增强斗争本领，始终做到既敢于斗争，又善于斗争，砥砺奋进、积极进取地去推动各种矛盾问题的解决。

名篇摘录

“人到半山路更陡，不进则退。”中华民族伟大复兴，绝不是轻轻松松、敲锣打鼓就能实现的，必须进行伟大斗争，甚至会遇到难以想象的惊涛骇浪。“干部要把人民放在心中最高位置。同人民风雨同舟、血脉相通、生死与共，是我们党战胜一切困难和风险的根本保证。”离开了人民，我们就会一事无成。只有把党的初心、党的使命铭刻于心，人生奋斗才有更高的思想起点，才有不竭的精神动力。没有饱满的奋发进取、干事创业的激情，人生事业何以圆满？

——摘录自《在勇于斗争中历练成长》，
叶蓁蓁，《学习时报》，2019 年 9 月 4 日

斗争精神、斗争本领，不是与生俱来的，不会随着党龄增加、职务升迁自然提高。领导干部要经受严格的思想淬炼、政治历练、实践锻炼，在复杂严峻的斗争中经风雨、见世面、壮筋骨，真正锻造成为疾风劲草、烈火真金。中青年干部要经常三省吾身，深刻认识和努力克服缺少实践经验、实战水平、重大考验和艰苦环境历练不足等问题，自觉给自己争取经风雨、见世面的机会，在本职岗位上勇于担当、履职尽责，面对困难迎难而上，面对矛盾敢于碰硬，面对不良现象敢于亮剑，切实克服软骨病、恐惧症、无能症，努力做敢于斗争、善于斗争的战士，坚决不做爱惜羽毛、明哲保身的“绅士”。

——摘录自《领导干部担当作为必须增强斗争本领》，
赵志敏，《学习时报》，2019 年 9 月 6 日

践行提醒

艰辛成就伟业，奋斗创造辉煌。中国共产党 98 年来的奋斗历程，绝非一帆风顺、波澜不惊，而是常有危难之际的绝处逢生，挫折之后的毅然奋起，磨难面前的百折不挠。正是在带领群众克服一切艰难险阻、战胜一切风险挑战的丰富实践中，我们党才不断从胜利走向胜利。经过长期努力，我们进入了中国特色社会主义新时代，取得了历史性成就，发生了历史性变革。但是，要看到我们党和人民的事业目前取得的伟大成就来之不易，当前和今后一个时期我国发展进入各种风险挑战不断积累甚至集中显露的时期，面临的重大斗争决不会少，而且越来越复杂。回顾过去的艰辛，我们要倍加珍惜眼前取得的辉煌成就，面对未来的挑战，我们要勇于

斗争，要更加奋发有为。

当今世界正处于百年未有之大变局，我们党领导的伟大斗争、伟大工程、伟大事业、伟大梦想正在如火如荼地进行，改革发展稳定任务艰巨繁重。我们面临着难得的历史机遇，也面临着一系列重大风险考验。我们党要继续带领人民有效应对重大挑战、抵御重大风险、克服重大阻力、解决重大矛盾，必须进行具有许多新的历史特点的伟大斗争。

“斗争是一门艺术，要善于斗争。”要掌握斗争规律、讲求斗争方法，为我们切实提高斗争本领提供了深刻的认识论和科学的方法论。

一要掌握斗争规律。实现我们党确定的目标任务，光有勇气是不够的，盲打莽撞是不可能取得胜利的。善于把握规律，是我们党领导推动工作的制胜法宝，也是我们提高斗争本领的重要途径。这就要求我们在各种重大斗争中，坚持增强忧患意识和保持战略定力相统一、坚持战略判断和战术决断相统一、坚持斗争过程和斗争实效相统一。对大局和大势的准确把握，历来是我们赢得斗争的先决条件。对领导干部来说，要谋子之前先谋势、着眼全局看局部，同时决断和行动要又快又准，精准把握斗争进程、判断出招时机，找准靶心、一击即中。

二要讲求斗争方法。斗争是有章法的，不是逞强好胜、争勇斗狠，而是要注重策略方法，讲求斗争艺术。抓主要矛盾、抓矛盾的主要方面是斗争的重要方法。斗争要坚持有理有利有节，合理选择斗争方式、把握斗争火候，在原则问题上寸步不让，在策略问题上灵活机动。要根据形势需要，把握时、度、效，及时调整斗争策略。要团结一切可以团结的力量，调动一切积极因素，在斗争中争取团结，在斗争中谋求合作，在斗争中争取共赢。

三要坚定斗争意志。历史经验告诉我们，一个政党，一个国家，一支队伍，如果失去了斗争意志，是非常可怕的，离危亡也就不远了。坚定斗争意志不是好斗，而是当严峻形势和斗争任务摆在面前时，我们骨头要硬，不能胆怯、不能当逃兵，要敢于出击、敢战能胜，在大是大非面前敢于亮剑，在矛盾冲突面前敢于迎难而上，在危机困难面前敢于挺身而出，在歪风邪气面前敢于坚决斗争。

4 “四个伟大”使我们党对自身肩负历史使命的认识达到了新的高度

重要背景

伟大斗争、伟大工程、伟大事业等在党的文献中多有涉猎。2012 年 11 月，党的十八大报告提出要进行伟大斗争。

2016 年 10 月，党的十八届六中全会审议通过的《关于新形势下党内政治生活的若干准则》进一步提出，要进行伟大斗争、推进伟大工程、推进伟大事业。

2017 年 7 月，习近平在省部级主要领导干部专题研讨班开班式上提出“四个伟大”：“在新的时代条件下，我们要进行伟大斗争、建设伟大工程、推进伟大事业、实现伟大梦想。”

在党的十九大报告中习近平指出，伟大斗争，伟大工程，伟大事业，伟大梦想，紧密联系、相互贯通、相互作用，其中起决定性作用的是党的建设新的伟大工程。

2019 年 3 月 1 日，习近平在中央党校（国家行政学院）中青年干部培训班开班式上发表重要讲话强调，干部要胸怀强烈的政治责任感、历史使命感，积极投身伟大斗争、伟大工程、伟大事业、伟大梦想的火热实践，把人生理想融入国家富强、民族振兴、人民幸福的伟业之中。

2019 年 9 月 3 日，习近平在秋季学期中央党校（国家行政学院）中青年干部培训班开班式上发表重要讲话强调，广大干部特别是年轻干部要经受严格的思想淬炼、政治历练、实践锻炼，发扬斗争精神，增强斗争本领，为实现“两个一百年”奋斗目标、实现中华民族伟大复兴的中国梦而顽强奋斗，并强调，共产党人的斗争是有方向、有立场、有原则的，大方向就是坚持中国共产党领导和我国社会主义制度不动摇。领导干部要经受严格的思想淬炼、政治历练、实践锻炼，在复杂严峻的斗争中经风雨、见世面、壮筋骨，真正锻造成为烈火真金。

“四个伟大”中第二个“伟大”是伟大工程。伟大工程是从哪里来的呢？这个概念在“四个伟大”中出现时间最早，可以追溯到20世纪30年代。1939年10月毛泽东在《〈共产党人〉发刊词》一文中总结了中国革命取得胜利的三大法宝，即武装斗争、统一战线、党的建设。他认为在这三个法宝中，党的建设是起关键作用的，并把党的建设称之为一个“伟大的工程”。改革开放后，我们党深刻认识到，要取得改革开放和社会主义现代化建设事业的成功，必须大力加强党的建设。换句话说，如果没有党的坚强领导，没有党的坚强有力，改革开放就不能顺利进行，社会主义现代化建设的奋斗目标也就不能顺利实现。党的十四届四中全会根据世情国情党情发展变化的实际，提出坚持和加强党的领导，加强和改进党的建设，并把党的建设作为一个宏大的工程来实施，提出了“党的建设新的伟大工程”的命题和概念。从党的十四届四中全会开始，“党的建设新的伟大工程”的概念一直使用到党的十九大召开前。党的十九大报告用“伟大工程”对以往使用的“党的建设新的伟大工程”进行了进一步的提炼，形成了“伟大工程”的概念。

开放论述

党的十九大报告提出，要统揽伟大斗争、伟大工程、伟大事业、伟大梦想。将“四个伟大”作为一个完整的体系提出，是党的十九大报告一个重大亮点，也是党的一个重大理论创新。“四个伟大”不仅对党的历史使命提出了新要求，而且进一步明确了我们党在新时代治国理政的总方略、引领全局的总蓝图、谋划事业的总坐标和推进工作的总抓手，体现了奋斗目标、实现路径、前进动力的高度统一，历史传承、现实任务、未来方向的高度统一，党的前途命运、国家的前途命运、人民的前途命运的高度统一，深刻回答了什么是新时代党的历史使命、怎样实现新时代党的历史使命这一重大理论和实践问题，使我们党对自身肩负历史使命的认识达到了新的高度。

“四个伟大”中第一个“伟大”是伟大斗争，是指具有许多新的历史特点的伟大斗争。伟大斗争的完整表述是“必须进行具有许多新的历史特点的伟大斗争”。第一次出现这个表述的党的文件是党的十八大报告。党的十九大报告所讲的“伟大斗争”是对党的十八大以来我们经常使用的“必须进行具有许多新的历史特点的伟大斗争”的概括和提炼。

第二个“伟大”是伟大工程，是指党的建设新的伟大工程。1939 年 10 月毛泽东同志在《〈共产党人〉发刊词》一文中总结了中国革命取得胜利的三大法宝，即武装斗争、统一战线、党的建设。他认为在这三个法宝中，党的建设是起关键作用的，并把党的建设称之为一个“伟大的工程”。党的十四届四中全会根据世情国情党情发展变化的实际，提出了“党的建设新的伟大工程”的命题和概念。党的十九大报告用“伟大工程”对以往使用的“党的建设新的伟大工程”进行了进一步的提炼，形成了“伟大工程”的概念。

第三个“伟大”是伟大事业，是指中国特色社会主义伟大事业。党的十九大报告指出：中国特色社会主义是改革开放以来党的全部理论和实践的主题。这就告诉我们，中国特色社会主义的起始点是党的十一届三中全会，即党的改革开放和社会主义现代化建设新的时期以来。“走自己的道路，建设有中国特色的社会主义”的命题和概念，是邓小平同志在党的十二大开幕词的讲话中第一次提出来的。中国特色社会主义不是凭空产生的，不是从天上掉下来的，是中国共产党人长期奋斗、创造、积累的根本成就。中华人民共和国成立后，以毛泽东同志为核心的党的第一代中央领导集体带领全党全国人民进行不懈探索，进行社会主义革命和社会主义建设，为新的历史时期开创中国特色社会主义提供了宝贵经验、理论准备、物质基础。可以说，从 1956 年我国社会主义基本制度建立后，我们进行的事业就是社会主义的事业。党的十一届三中全会以来，我们开创了中国特色社会主义。改革开放 40 年来，我们干的事业就是中国特色社会主义伟大事业。党的十九大报告，对中国特色社会主义伟大事业用“伟大事业”进行了高度凝练。

第四个“伟大”是伟大梦想，是指实现中华民族伟大复兴梦想。2012年11月29日，党的十八大刚刚结束不久，习近平带领中央政治局常委在国家博物馆参观《复兴之路》展览时发表重要讲话，提出了实现中华民族伟大复兴的中国梦。这个命题一经提出，就在国内外产生了巨大反响，成为激励中华儿女团结奋进、开辟未来的精神旗帜。“实现中华民族伟大复兴”这个概念，在党的十三大报告中就已经出现了，这个概念是从“振兴中华”一词逐渐演变而来。从党的十三大一直沿用到党的十八大后，习近平总书记在此基础上用“中国梦”三个字对它进行了新的高度提炼，成为画龙点睛之笔，进一步丰富了它的思想和内涵。党的十九大报告对实现中华民族伟大复兴的中国梦又进行了概括，提出了“伟大梦想”的命题和概念。

伟大斗争、伟大工程、伟大事业、伟大梦想是一个紧密联系、相互贯通、相互作用、有机统一的整体，统一于新时代坚持和发展中国特色社会主义伟大实践。在“四个伟大”的相互关系中，党的建设新的伟大工程是起决定作用的。

“四个伟大”首先是一个整体，是相互联系、不可分割的关系。党的十九大报告是以新时代中国共产党的历史使命来论述这个问题的。党的十九大报告在阐述“四个伟大”时，是用实现中华民族伟大复兴的中国梦把它们贯穿起来的，就是“实现伟大梦想，必须进行伟大斗争”“实现伟大梦想，必须建设伟大工程”“实现伟大梦想，必须推进伟大事业”。

党的十九大报告在阐述“四个伟大”时，“四个伟大”的前后关系不是随意排列的，而是有严密的内在逻辑关系。排在第一位的是伟大斗争，它是统揽“四个伟大”的前提；排在第二位的是伟大工程，它是统揽“四个伟大”的保障；排在第三位的是伟大事业，它是统揽“四个伟大”的方向；排在第四位的是伟大梦想，它是统揽“四个伟大”的目标。

“四个伟大”紧密联系、相互贯通、相互作用，但它们之间不是平行的并列关系，“四个伟大”中起决定性作用的是党的建设新的伟大工程。之所以这样强调，是因为中国特色社会主义最本质的特征是中国共产党领导，中国特色社会主义制度的最大优势是中国共产党领导。历史表明，没有党的坚强领导，伟大斗争不能进行，伟大事业不能推进，伟大梦想也不能实现。办好中国的事情，关键在中国共产党，关键在把党建设好。只要把我们党建设好了、建设强了，取得伟大斗争的不断胜利，推进伟大事业的不断发展，实现中华民族复兴的伟大梦想就有了坚强的政治和组织保障。

名篇摘录

伟大斗争的完整表述是“必须进行具有许多新的历史特点的伟大斗争”。第一次出现这个表述的党的文件是党的十八大报告。党的十八大报告是在习近平同志主持下起草的，在进行讨论时，习近平同志坚持一定要把这一句话写入报告。实际上他对这个问题是有深入思考的。这一句话的内涵也是极其丰富和深刻的，党的十八大以来的 5 年实践完全证明了这一点。试想，如果不进行伟大斗争，我们会取得 5 年来党和国家事业的历史性成就吗？党和国家的面貌会发生历史性的变革吗？答案是不会的。事非经过不知难。每一名中国共产党员，每一个中国人，一同走过了过去的 5 年，我们感同身受，我们体会深刻。

——摘录自《“四个伟大”的由来及其相互关系》，
曲青山，中直党建网，2018 年 1 月 10 日

中央党校校委委员、一级教授韩庆祥：“四个伟大”蕴含着党的创新理论形成的时代逻辑、实践逻辑、现实逻辑。“四个伟大”是党的创新理论的生长点和聚焦点。

华东师范大学教授胡伟：“伟大斗争”“伟大工程”“伟大事业”“伟大梦想”，是以习近平同志为核心的党中央治国理政的大格局、大战略、大逻辑，构成了当前和今后党和国家全部工作的总纲。

天津市委党校教授张健：中国共产党是中国特色社会主义伟大事业的领导力量和领导主体，是进行好具有许多新的历史特点的伟大斗争的领导力量和领导主体，是实现中华民族伟大复兴的根本政治保障。

——摘录自《“四个伟大”：指明砥砺奋进的方向》，

《北京日报》，2017 年 8 月 28 日

践行提醒

进行伟大斗争，就是要深刻认识和把握这场伟大斗争的历史新特点，始终保持高度政治警觉，不断增强政治敏锐性和政治鉴别力。共产党人的斗争是有方向、有立场、有原则的，大方向就是坚持中国共产党领导和我国社会主义制度不动摇。凡是危害中国共产党领导和我国社会主义制度的各种风险挑战，凡是危害我国主权、安全、发展利益的各种风险挑战，凡是危害我国核心利益和重大原则的各种风险挑战，凡是危害我国人民根本利益的各种风险挑战，凡是危害我国实现“两个一百年”奋斗目标、实现中华民族伟大复兴的各种风险挑战，只要来了，我们就必须进行坚决斗争，而且必须取得斗争胜利。要更加自觉地坚持党的领导和我国社会主义制度，维护人民利益，投身改革创新时代潮流，维护我国主权、安全、发展利益，防范各种风险；坚决反对一切削弱、歪曲、否定党的领导和我国社会主义制度的言行，坚决反对一切损害人民利益、脱离群众的行为，坚决破除一切顽瘴痼疾，坚决反对一切分裂祖国、破坏民族团结和社会和谐稳定的行为，坚决战胜一切在政治、经济、文化、社会等领域和自然界出现的困难和挑战，发扬斗争精神，提高斗争本领，不断夺取伟大斗争新胜利。

建设伟大工程，就是要按照党的十九大提出的党的建设的总体要求和重点任务，把党的政治建设摆在首位，用习近平新时代中国特色社会主义思想武装全党，消除一切损害党的先进性和纯洁性的因素，清除一切侵蚀党的健康肌体的病毒，不断增强党的政治领导力、思想引领力、群众组织力、社会号召力，确保我们党永葆旺盛生命力和强大战斗力。

推进伟大事业，就是要顺应我国社会主要矛盾的转化，准确把握新时代中国特色社会主义发展的战略安排，统筹推进“五位一体”总体布局、协调推进“四个全面”战略布局，以新发展理念谋划经济社会发展，着力解决好发展不平衡不充分的问题，更好满足人民在经济、政治、文化、社会、生态等方面日益增长的需要，更好推动人的全面发展、社会全面进步。

实现伟大梦想，就是在我们比历史上任何时期都更接近、更有信心和能力实现中华民族伟大复兴的目标的时候，不忘初心、牢记使命，勇于变革、勇于创新，永不僵化、永不停滞，决胜全面建成小康社会，奋力夺取新时代中国特色社会主义伟大胜利。

5 在新的历史条件下我们要进行“伟大斗争”

重要背景

伟大斗争在党的文献中多有涉猎。2012 年 11 月，党的十八大报告提出要进行伟大斗争。

2016 年 10 月，党的十八届六中全会审议通过的《关于新形势下党内政治生活的若干准则》进一步提出，要进行伟大斗争、推进伟大工程、推进伟大事业。

2017 年 7 月，习近平在省部级主要领导干部专题研讨班开班式上提出“四个伟大”：在新的时代条件下，我们要进行伟大斗争、建设伟大工程、推进伟大事业、实现伟大梦想。

2017 年 10 月，习近平在党的十九大报告中指出，伟大斗争，伟大工程，伟大事业，伟大梦想，紧密联系、相互贯通、相互作用，其中起决定性作用的是党的建设新的伟大工程。伟大斗争是指具有许多新的历史特点的伟大斗争。伟大斗争的完整表述是“必须进行具有许多新的历史特点的伟大斗争”。党的十九大报告所讲的伟大斗争是对党的十八大以来我们经常使用的“必须进行具有许多新的历史特点的伟大斗争”的概括和提炼。

2019 年 3 月 1 日，习近平在中央党校（国家行政学院）中青年干部培训班开班式上发表重要讲话强调，干部要胸怀强烈的政治责任感、历史使命感，积极投身伟大斗争、伟大工程、伟大事业、伟大梦想的火热实践，把人生理想融入国家富强、民族振兴、人民幸福的伟业之中。

2019 年 9 月 3 日，习近平在秋季学期中央党校（国家行政学院）中青年干部培训班开班式上发表重要讲话强调，马克思主义产生和发展、社会主义国家诞生和发展的历程充满着斗争的艰辛。建立中国共产党、成立中华人民共和国、实行改革开放、推进新时代中国特色社会主义事业，都是在斗争中诞生、在斗争中发展、在斗争中壮大的。当今世界正处于百年未有之大变局，我们党领导的伟大斗争、伟大工程、伟大事业、伟大梦想正在如火如荼进行，改革发展稳定任务艰巨繁重，我们面临着难得的历史机遇，也面临着一系列重大风险考验。胜利实现我们党确定的目标任务，必须发扬斗争精神，增强斗争本领。

在长期的革命斗争实践中，斗争精神逐渐丰富发展成为中国共产党人进行政治斗争、军事斗争、新闻舆论斗争、意识形态斗争、治党治军的重要思想武器，进而成为赢得中国革命胜利的重要法宝和实践原则。“我们中华民族有同自己的敌人血战到底的气概，有在自力更生的基础上光复旧物的决心，有自立于世界民族之林的能力。”这是毛泽东在1935年12月的瓦窑堡会议上说的一段话，充分展示了那一代中国共产党人在任何艰难险境中都始终保持着的敢于斗争的鲜明政治品格和英勇无畏的英雄气概。

1939年10月，毛泽东在《〈共产党人〉发刊词》一文中总结了中国革命取得胜利的三大法宝，即武装斗争、统一战线、党的建设。

1937年10月23日，毛泽东为陕北公学成立题词：“要造就一大批人，这些人是革命的先锋队。这些人具有政治远见。这些人充满着斗争精神和牺牲精神。”

1938年5月，毛泽东《论持久战》的发表，深入阐发了中国民众中蕴含的巨大斗争能量，强调弱国要不被消灭而且战胜强国，就必须全民动员起来斗争，进行人民战争，这样才能取得持久抗战的胜利。整个抗战期间，中国共产党始终坚持依靠人民群众开展人民战争。

在1962年“七千人大会”上，毛泽东就指出：“从现在起，五十年内外到一百年内外，是世界上社会制度彻底变化的伟大时代，是一个翻天覆地的时代，是过去任何一个历史时代都不能比拟的。处在这样一个时代，我们必须准备进行同过去时代的斗争形式有着许多不同特点的伟大的斗争。”

邓小平在改革开放前沿城市深圳考察时明确指出：“改革开放胆子要大一些，敢于试验，不能像小脚女人一样。看准了的，就大胆地试，大胆地闯。”“走不出一条新路，就干不出新的事业。”

正是有了以毛泽东同志为代表的共产党人，所代表的那种敢于斗争、敢于胜利和善于斗争、善于胜利的斗争精神支撑，中国共产党才能从大革命失败的血泊中走向井冈山的新生、从长征的艰险走向延安的崛起、从西柏坡的一方天地走向全中国的基本解放，进而领导中国人民取得了社会主义革命与建设、改革开放与社会主义现代化建设的伟大成就，将曾经风雨飘摇的旧中国建设成为如今繁荣昌盛的新中国。“为有牺牲多壮志，敢教日月换新天。”斗争精神是中华民族先辈和党的先烈们留给我们的宝贵精神财富，它从来都不曾从中华大地上消逝、也从未自中国共产党人身上褪色，未来也永远不会消失。

开放论述

习近平曾意味深长地说：“党的十八大报告有一句话，我主持起草工作时就主张要写上去，就是‘发展中国特色社会主义是一项长期的艰巨的历史任务，必须准备进行具有许多新的历史特点的伟大斗争’。这句话涵义是很深的。”早在 1962 年“七千人大会”上，毛泽东就指出：“从现在起，五十年内外到一百年内外，是世界上社会制度彻底变化的伟大时代，是一个翻天覆地的时代，是过去任何一个历史时代都不能比拟的。处在这样一个时代，我们必须准备进行同过去时代的斗争形式有着许多不同特点的伟大的斗争。”党的十一届三中全会后，面对改革开放后的新形势，邓小平也曾强调：“社会主义社会目前和今后的阶级斗争，显然不同于过去历史上阶级社会的阶级斗争，这也是客观的事实，我们不能否认，否认了也要犯严重的错误。”由此可见，我们党关于伟大斗争的重要论述一以贯之。

党的十九大报告提出，要统揽伟大斗争、伟大工程、伟大事业、伟大梦想。将“四个伟大”作为一个完整的体系提出，是党的十九大报告一个重大亮点，也是党的一个重大理论创新。党的十九大报告在阐述“四个伟大”时，“四个伟大”的前后关系不是随意排列的，而是有严密的内在逻辑关系。其中，排在第一位的是伟大斗争，它是统揽“四个伟大”的前提，伟大工程的建设、伟大事业的推进、伟大梦想的实现都要通过伟大斗争。党的十九大报告鲜明地指出：“中国共产党是敢于斗争、敢于胜利的伟大政党。”中国共产党建党至今近百年的历史，就是一部党团结带领人民为实现民族复兴历史使命而进行伟大斗争的壮丽史诗。

社会在矛盾运动中前进，事物在曲折变化发展中前进。唯物辩证法告诉我们，矛盾存在于一切事物的发展过程中，并且每一事物的发展过程中都存在着自始至终的矛盾运动，这就是矛盾的普遍性或绝对性。矛盾无时不在、无处不有，事物矛盾的法则是自然和社会的根本法则。有矛盾就会有斗争。中国共产党是以马克思主义为思想指导的政党，从不回避矛盾，甚至是激烈尖锐的党内矛盾，勇于发扬斗争精神。正如毛泽东在延安时期所言：“党内不同思想的对立和斗争是经常发生的，这是社会的阶级矛盾和新旧事物的矛盾在党内的反映。党内如果没有矛盾和解决矛盾的思想斗争，党的生命也就停止了。”中国共产党之所以能够赢得革命斗争的胜利，之所以能够赢得改革开放的胜利，之所以能够赢得新时代全面建成小康社会的胜利……就在于敢于实事求是地面对矛盾，进而在不断解决矛盾过程中获得自身的发展与进步，一部党史、新中国史就是一部不断直面矛盾、敢于斗争、最终实现团结奋进的生动历史。

发展中国特色社会主义是一项长期的艰巨的历史任务，必须准备进行具有许多新的历史特点的伟大斗争。斗争精神是党夺取伟大斗争新胜利的有力思想武器。新时代为了更好地进行具有许多新的历史特点的伟大斗争，必须大力发扬斗争精神。中华民族传承和中国共产党发扬的斗争精神，绝非庸俗哲学意义上的不同人或不同群体、组织之间为了争夺利益而进行的争斗或争夺，更不是再去搞“以阶级斗争为纲”，而是指社会中的先进阶级或组织为了正义事业而进行的积极活动，是那种不畏艰险、积极进取、勇于开拓，敢于直面矛盾、敢于较真碰硬、敢于尽责尽力、敢于攻坚克难、敢于善作善成的精神状态。

斗争精神是中华民族和中国共产党的宝贵精神财富，是中国共产党人“赶考”必要的精神状态，是解决精神懈怠问题的对症良药，是自我净化的重要方法，是化解脱离群众危险、消极腐败危险的法宝。坚持和发展中国特色社会主义，承载着中国崛起的历史重任，体现着中国共产党人的伟大创造，也意味着在前进的道路上不可能一帆风顺，不可能敲锣打鼓、顺顺当当实现我们的奋斗目标。唯有发扬敢于担当、敢于斗争的精神，主动大胆作为、有力有效斗争，才能因势利导、化危为机，赢得伟大工程、伟大事业、伟大梦想的全面胜利。

当前，我们党正在进行具有许多新的历史特点的伟大斗争。党的十九大报告明确指出：“全党要充分认识这场伟大斗争的长期性、复杂性、艰巨性，发扬斗争精神，提高斗争本领，不断夺取伟大斗争新胜利。”中国正前所未有地靠近世界舞台中心，前所未有地接近实现中华民族伟大复兴的目标。“行百里者半九十”，中华民族伟大复兴的事业已经进入爬坡过坎的关键阶段，全党上下绝不能有任何贪图享受、消极懈怠、回避矛盾的思想和行为。我们要倍加珍惜来之不易的良好局面，在保持战略定力的同时客观分析党面临的形势与任务，继承和发扬斗争精神，始终做到既敢于斗争，又善于斗争，走好新时代的长征路，夺取伟大斗争新胜利。

名篇摘录

中国革命的胜利是靠斗争打出来的，中国建设的成就是靠斗争干出来的，中国改革的推进是靠斗争闯出来的。进行伟大斗争要继承和发扬斗争精神。既要在事关中国特色社会主义前途命运的大是大非问题上敢于斗争、敢于亮剑，不能态度暧昧，不能爱惜羽毛，不能动摇政治立场；又要在改革发展稳定工作中敢于斗争、勇于创新，自觉把使命放在心上、把责任扛在肩上，不断有所发明、有所创造、有所作为、有所前进；还要在全面从严治党上敢于斗争、敢于动硬，全面推进党的建设新的伟大工程。

——摘录自《王伟光：实现伟大梦想必须进行伟大斗争》，
《人民日报》，2017 年 11 月 30 日

刘长喜：党带领人民进行具有许多新的历史特点的伟大斗争，就是以敢于斗争的革命胆略和善于斗争的科学方略，为实现中华民族伟大复兴的中国梦排除障碍和干扰，化解危机和风险，增强动力和活力。必须在实践中大胆探索，勇于创造，接力奋斗。

郭振华：推进具有许多新的历史特点的伟大斗争，目的是坚持和发展中国特色社会主义，坚持和巩固党的领导地位和执政地位，使我们的党、我们的国家、我们的人民永远立于不败之地，具有强烈政治性。而且，这是在我们党执政并且长期执政的条件下进行的，无论是斗争特点和斗争形式，都具有鲜明时代性。

王启尧：当前，我们党正面临“四大考验”和“四种危险”，这些考验和危险是长期的、复杂的、尖锐的、严峻的。正因为如此，我们必须准备进行具有许多新的历史特点的伟大斗争。

杨伟东：越是实现民族复兴的伟大梦想，越是推进全面从严治党的伟大工程，越是开创中国特色社会主义伟大事业，往往越充满艰难险阻，越要进行艰苦卓绝的斗争。

李明远：目标越接近，问题也就越复杂，许多问题往往盘根错节、相互交织，需要同时平衡多种目标，这也加大了风险，稍有不慎，一些问题就会有连锁式、系统性的反应，会给我们的事业造成重大损失。对于未来，我们必须作好进行具有许多新的历史特点的伟大斗争的准备。

——摘录自《推进具有许多新的历史特点的伟大斗争》，
何忠国、熊若愚、兰文飞，《学习时报》，2017 年 4 月 12 日

践行提醒

决胜全面建成小康社会，实现“两个一百年”奋斗目标，进而实现伟

大梦想，必须进行伟大斗争。我们党团结带领人民所进行的伟大斗争，其斗争本身不是目的，而是为了增进人民现实福祉、实现民族伟大复兴，我们党要团结带领全国各族人民有效应对重大挑战、抵御重大风险、克服重大阻力、解决重大矛盾，必须进行具有许多新的历史特点的伟大斗争，才能走向胜利彼岸。

不忘初心、牢记使命，就是不要忘记我们是共产党人，我们是革命者，不要丧失了斗争精神，时刻保持共产党人的革命理想与斗争精神。毛泽东曾说："不要散布幻想，不要在精神上解除自己的武装。不作精神准备，就无法教育人民，无产阶级自己也就没有革命干劲。用和平手段也是要斗争的。"习近平强调："面对新形势新挑战，要发扬斗争精神，既要敢于斗争，又要善于斗争，在事关中国特色社会主义前途命运的大是大非问题上坚定不移，在改革发展稳定工作中敢于碰硬，在全面从严治党上敢于动硬，在维护国家核心利益上敢于针锋相对，不在困难面前低头，不在挑战面前退缩，不拿原则做交易，不在任何压力下吞下损害中华民族根本利益的苦果。"

领导干部要敢于担当、敢于斗争，保持斗争精神，发扬斗争精神，增强斗争本领，广大干部特别是年轻干部要经受严格的思想淬炼、政治历练、实践锻炼，年轻干部要到重大斗争中去真刀真枪干，为实现"两个一百年"奋斗目标、实现中华民族伟大复兴的中国梦而顽强奋斗。各级领导班子和领导干部要加强斗争历练，增强斗争本领，永葆斗争精神，以"踏平坎坷成大道，斗罢艰险又出发"的顽强意志，应对好每一场重大风险挑战，切实把改革发展稳定各项工作做实做好。

共产党人的斗争是有方向、有立场、有原则的，大方向就是坚持中国共产党领导和我国社会主义制度不动摇。凡是危害中国共产党领导和我国社会主义制度的各种风险挑战，凡是危害我国主权、安全、发展利益的各种风险挑战，凡是危害我国核心利益和重大原则的各种风险挑战，凡是危害我国人民根本利益的各种风险挑战，凡是危害我国实现"两个一百年"奋斗目标、实现中华民族伟大复兴的各种风险挑战，只要来了，我们就必须进行坚决斗争，而且必须取得斗争胜利。

领导干部要经受严格的思想淬炼、政治历练、实践锻炼，在复杂严峻的斗争中经风雨、见世面、壮筋骨，真正锻造成为烈火真金。要学懂弄通做实党的创新理论，掌握马克思主义立场观点方法，夯实敢于斗争、善于斗争的思想根基，理论上清醒，政治上才能坚定，斗争起来才有底气、才有力量。要坚持在重大斗争中磨砺，越是困难大、矛盾多的地方，越是形势严峻、情况复杂的时候，越能练胆魄、磨意志、长才干。领导干部要主动投身到各种斗争中去，在大是大非面前敢于亮剑，在矛盾冲突面前敢于迎难而上，在危机困难面前敢于挺身而出，在歪风邪气面前敢于坚决斗争。

6　实现伟大梦想必须进行“伟大斗争”

重要背景

在党的十九大报告中，习近平指出，实现伟大梦想，必须进行伟大斗争。我们党要团结带领人民有效应对重大挑战、抵御重大风险、克服重大阻力、解决重大矛盾，必须进行具有许多新的历史特点的伟大斗争。全党要充分认识这场伟大斗争的长期性、复杂性、艰巨性，发扬斗争精神，提高斗争本领，不断夺取伟大斗争新胜利。中华民族伟大复兴，绝不是轻轻松松、敲锣打鼓就能实现的。全党必须准备付出更为艰巨、更为艰苦的努力。

2018 年 12 月，习近平在庆祝改革开放 40 周年大会上的重要讲话中强调，伟大梦想不是等得来、喊得来的，而是拼出来、干出来的。

2019 年 3 月 1 日，习近平在中央党校（国家行政学院）中青年干部培训班开班式上发表重要讲话强调，干部要胸怀强烈的政治责任感、历史使命感，积极投身伟大斗争、伟大工程、伟大事业、伟大梦想的火热实践，把人生理想融入国家富强、民族振兴、人民幸福的伟业之中。

2019 年 9 月 3 日，习近平在秋季学期中央党校（国家行政学院）中青年干部培训班开班式上发表重要讲话强调，中华民族伟大复兴，绝不是轻轻松松、敲锣打鼓就能实现的，实现伟大梦想必须进行伟大斗争。在前进道路上我们面临的风险考验只会越来越复杂，甚至会遇到难以想象的惊涛骇浪。我们面临的各种斗争不是短期的而是长期的，至少要伴随我们实现第二个百年奋斗目标全过程。

开放论述

伟大梦想不是等得来、喊得来的，而是拼出来、干出来的。马克思曾言，如果斗争只是在有极顺利的成功机会的条件下才着手进行，那么创造世界历史未免就太容易了。实现中华民族伟大复兴“中国梦”，绝不是轻轻松松、敲锣打鼓就能实现的，实现伟大梦想必须进行伟大斗争。永葆“同困难斗争”的精气神，焕发一往无前的斗争精神，增强斗争本领，我们必将攻克新长征路上的“泸定桥”“娄山关”“腊子口”，为实现中华民族伟大复兴提供磅礴力量。在新时代，只有以实干开辟征程、以奋斗开创未来，才能披荆斩棘、破浪前行，才能克服骄傲自满、固步自封，才能应对重大挑战、抵御重大风险、克服重大阻力、解决重大矛盾，实现中华民族伟大复兴中国梦。

党的十九大报告明确指出：“全党要充分认识这场伟大斗争的长期性、复杂性、艰巨性，发扬斗争精神，提高斗争本领，不断夺取伟大斗争新胜利。”中国正前所未有地靠近世界舞台中心，前所未有地接近实现中华民族伟大复兴的目标。“行百里者半九十”，中华民族伟大复兴的事业已经进入爬坡过坎的关键阶段，全党上下绝不能有任何贪图享受、消极懈怠、回避矛盾的思想和行为。我们要倍加珍惜来之不易的良好局面，在保持战略定力的同时客观分析党面临的形势与任务，继承和发扬斗争精神，始终做到既敢于斗争，又善于斗争，走好新时代的长征路，夺取伟大斗争新胜利。

我们实现“两个一百年”奋斗目标、中华民族走向伟大复兴“中国梦”的进程不会一帆风顺，我国越发展壮大，遇到的阻力和压力就会越大，必然会遇到这样那样的困难和问题。习近平多次指出，“想一帆风顺推进我们的事业，想顺顺当当实现我们的奋斗目标，那是不可能的。可以预见，在今后的前进道路上，来自各方面的困难、风险、挑战肯定还会不断出现”。“不断解决好前进道路上面临的问题，是我们这一代人的责任”。面对我国经济社会发展中已经存在或可能遇见的困难和风险，绕不开、躲不过，只能作好准备、积极应对、勇于斗争、斗则必胜。

步入伟大新时代，我们的主要历史任务是完善和发展中国特色社会主义制度，形成一整套更完备、更稳定、更管用的制度体系，这就要求必须在国家治理体系和治理能力现代化上形成总体效应、取得总体效果。未来我们要面临来自外部环境的风险与挑战，并随着中国越发展壮大，面临的外部风险和挑战也就越多；另外，我们对社会主义建设规律的认识和把握也还是有限的，还需要在实践中不断深化和发展。正如习近平所指出的，现在，我国发展中的新情况新问题每时每刻都在出现，而且多数又是我们过去不熟悉或者不太熟悉的。我们现在所处的是一个船到中流浪更急、人到半山路更陡的时候，是一个愈进愈难、愈进愈险而又不进则退、非进不可的时候，必须发扬拼搏精神、增强干事本领。因此，如何正确认识和妥善处理我国发展起来后不断出现的新情况新问题，是当前全党面临的一个重要课题。

当前的国内外形势和任务都要求全党上下敢于勇于斗争，发扬斗争精神，增强斗争本领。从国内层面来看，我们面临的改革发展稳定任务依然繁重：经济领域的转型升级与结构调整压力集聚并存、社会领域的民生建设与利益调整任务复杂繁重、国防和军队改革与军事斗争准备十分紧迫、意识形态领域斗争形势依然尖锐复杂、管党治党工作出现新老问题交织等多重情况。从国际层面来看，国际形势继续发生深刻复杂变化，国际格局正处于大变革大调整之中，中国的崛起与发展已经获得世界的公认，但也迎来了更多“成长中的烦恼”。一方面，随着“一带一路”建设的稳步推进，我国面临着可以大有作为的历史机遇；另一方面，国际霸权主义和敌对势力出于一己之私而加大了对我国发展的遏制与干扰力度，我国面临的维护自身主权、安全、发展利益的任务复杂繁重。这些问题的出现不是凭空而来，而要化解这些矛盾问题也非轻而易举，“狭路相逢勇者胜”，面对困难挑战，唯有发扬敢于担当、敢于斗争的精神，认真冷静分析、主动大胆作为、有力有效斗争，才能因势利导、化危为机，在发展中解决发展的问题，以取得更大的成就。

实现伟大梦想，必须进行伟大斗争。伟大斗争，归根到底还是人心之争。正如毛泽东所言，这一场斗争是重新教育人的斗争，是重新组织革命的阶级队伍，把绝大多数人改造成为新人的伟大的运动。中华民族伟大复兴伟大“中国梦”的最终实现，必须培养可靠的接班人。党的十九大明确要求培养担当民族复兴大任的时代新人。当前，国内外各种敌对势力千方百计、绞尽脑汁、不择手段要同我们争夺阵地、争夺人心，试图破坏、阻止我们顺利实现伟大梦想。因此，要培养担当民族复兴大任的时代新人，就必须旗帜鲜明坚持马克思主义，弘扬中华优秀传统文化，坚持意识形态领域的思想斗争，立德树人、以文化人，通过主观世界的精神洗礼，塑造社会主义时代新人的政治灵魂。

新时代，面对复杂多变的国内外环境，习近平特别强调：“各种敌对势力绝不会让我们顺顺利利实现中华民族伟大复兴，这就是为什么我们要郑重提醒全党必须准备进行具有许多新的历史特点的伟大斗争的一个原因。这场斗争既包括硬实力的斗争，也包括软实力的较量。”斗争，从来都不仅仅只是武装斗争，它既可以是血与火的革命战争，又可以是看不见硝烟的思想文化斗争，敌我之间的斗争从来都不只是单一形式的较量，而是全方位多层次的对抗。要进行具有许多新的历史特点的伟大斗争，党的十九大报告明确为全党指明了各种不同领域的斗争形式：一是坚决反对一切削弱、歪曲、否定党的领导和我国社会主义制度的言行；二是坚决反对一切损害人民利益、脱离群众的行为；三是坚决破除一切顽瘴痼疾；四是坚决反对一切分裂祖国、破坏民族团结和社会和谐稳定的行为；五是坚决战胜一切在政治、经济、文化、社会等领域和自然界出现的困难和挑战，并特别强调全党要充分认识这场伟大斗争的长期性、复杂性、艰巨性，发扬斗争精神，提高斗争本领，不断夺取伟大斗争新胜利。

名篇摘录

我们党是一个敢于斗争、善于斗争的党。没有斗争，就没有胜利，没有今天的一切。中国共产党是在斗争中成长壮大的党，是敢于并善于领导人民百折不挠开展斗争又在斗争中不断取得胜利的党。无论弱小还是强大，无论顺境还是逆境，我们党都初心不改、矢志不渝，团结带领人民历经千难万险、付出巨大牺牲，攻克了一个又一个看似不可攻克的难关，创造了一个又一个彪炳史册的人间奇迹。中国人民能从悲惨境遇走向光明前途，实现伟大历史转变，就是因为中国共产党带领人民以顽强的斗争精神进行了艰苦卓绝的斗争。

——摘录自《王伟光：实现伟大梦想必须进行伟大斗争》，
《人民日报》，2017 年 11 月 30 日

“什么叫工作，工作就是斗争。我们是为着解决困难去工作、去斗争的。”今天，我们比历史上任何时期都更接近、更有信心和能力实现中华民族伟大复兴的目标，这也要求我们必须要有“斗”志。在这个千帆竞发、百舸争流的时代，绝不能有半点骄傲自满、固步自封，也绝不能有丝毫犹豫不决、徘徊彷徨。只要敢于斗争、善于斗争，奔着矛盾问题、风险挑战去，就能“斗”出新气象，“争”出更明亮的未来。

——摘录自《人民网评：实现伟大梦想，必须进行伟大斗争》，
石川，人民网—观点频道，2019 年 9 月 3 日

践行提醒

中华民族伟大复兴，绝不是轻轻松松、敲锣打鼓就能实现的，实现伟大梦想必须进行伟大斗争。在前进的道路上我们面临的风险考验只会越来越复杂，我们必须时刻做好准备并有能力战胜面临的一切风险考验。

一是广大党员干部要始终认识到进行具有许多新的历史特点的伟大斗争，关键在党，关键在人。政治路线确定之后干部就是决定因素。习近平指出：“进行具有许多新的历史特点的伟大斗争，实现党的十八大确定的各项目标任务，关键在党，关键在人。关键在党，就要确保党在发展中国特色社会主义历史进程中始终成为坚强领导核心。关键在人，就要建设一支宏大的高素质干部队伍。”要不断加强学习，依靠学习走向未来。习近平强调：“全党同志特别是各级领导干部，都要有本领不够的危机感，都要努力增强本领，都要一刻不停地增强本领。只有全党本领不断增强了，‘两个一百年’的奋斗目标才能实现，中华民族伟大复兴的中国梦才能梦

想成真”。要始终严明党的纪律，确保党始终成为坚强领导核心，始终坚持党要管党、从严治党，要努力在全党营造守纪律、讲规矩的氛围，维护党的团结统一，确保全党统一意志、统一行动、步调一致向前进。要始终加强和改进作风建设，不断增强自我净化、自我完善、自我革新、自我提高的能力。要培养担当民族复兴大任的时代新人，就必须旗帜鲜明坚持马克思主义，弘扬中华优秀传统文化，坚持意识形态领域的思想斗争，立德树人、以文化人，通过主观世界的精神洗礼，塑造社会主义时代新人的政治灵魂。

二是广大党员干部要始终坚定理想的主心骨、筑牢信念的压舱石，保持强大的战略定力。我们既要有“乱云飞渡仍从容”的战略定力，又要有“不到长城非好汉”的进取精神。面对具有许多新的历史特点的伟大斗争，首先需要的就是坚定的理想信念、强大的战略定力，唯有如此才能稳住阵脚、冷静观察、沉着应对。坚决排除各种干扰、抵御各种诱惑，坚定正确立场、坚持既定方针。要坚决抵制抛弃各种错误主张，自觉纠正各种错误观念。要洞若观火，保持政治坚定性，明确政治定位，始终坚持以我为主，要集中精力办好自己的事情，始终朝着正确方向、既定目标奋勇前进。

三是广大党员干部要时刻保持敢于直面矛盾、敢于较真碰硬、敢于攻坚克难、敢于担当作为的拼搏状态。我们要逢山开路、遇水架桥、尽责尽力、善作善成，在急流中勇进，在改革中创新，以知难而进、逆流而上的气概，遇强更强、愈挫愈勇的坚韧，勇立潮头、奋勇搏击。在前进道路上，随时可能面对具有许多新的历史特点的伟大斗争，我们要既敢于出招又善于应招，从容应对各类风险和挑战，困难一个一个克服，问题一个一个解决，既要敢于突破，又要一步一个脚印、稳扎稳打向前走，做到“蹄疾而步稳”。

四是广大党员干部要切实提高战略思维能力、综合决策能力、驾驭全局能力。面对具有许多新的历史特点的伟大斗争，需要提高全党解决复杂问题的能力。要不断提高创新思维、辩证思维、系统思维、全球思维、底线思维、法治思维、超前思维等思维能力；要胸怀大局、把握大势、着眼大事，牢牢把握工作主动权；要统筹谋划、协同推进，妥善处理各种复杂利益关系，着力提高操作能力和执行力。面向未来，必须把握世界大势，统筹好国内国际两个大局，早作谋划、把握工作主动权，在时代前进潮流中把握主动、赢得发展。

五是广大党员干部要始终坚持从实际出发谋划事业和工作，使点子、政策、方案符合实际情况、符合客观规律、符合科学精神，不好高骛远，不脱离实际。坚持真抓实干、埋头苦干，不能毫无章法地莽撞蛮干，不能不讲规则东一榔头、西一棒槌，更不能无视规律乱作为，而要科学预见形势发展的未来走势、蕴藏其中的机遇和挑战、有利因素和不利因素，透过现象看本质，牢牢掌握斗争的主动权，确保伟大斗争最终走向胜利彼岸。广大干部特别是年轻干部要经风雨、见世面，才能长才干、壮筋骨。我们在工作中遇到的斗争是多方面的，改革发展稳定、内政外交国防、治党治国治军等方方面面，都涉及发展路径革新和利益关系调整，是砥砺斗争意志、增强斗争本领的“磨刀石”。广大干部都要真正到重大斗争中去真刀真枪磨砺，强弱项、补短板，学真本领，练真功夫。

“莫言下岭便无难，赚得行人错喜欢。正入万山圈子里，一山放出一山拦。”习近平多次引用杨万里的这首诗告诫全党：实现“两个一百年”奋斗目标、实现中华民族伟大复兴“中国梦”，我们不知还要爬多少坡、过多少坎、经历多少风风雨雨、克服多少艰难险阻。发展中国特色社会主义是一项长期的艰巨的历史任务，要继续把这篇大文章写下去、写精彩，就必须以强烈的历史使命感和责任感，最大限度集中全党全社会智慧，最大限度调动一切积极因素，随时准备进行具有许多新的历史特点的伟大斗争。

7　共产党人的斗争是有方向、有立场、有原则的

重要背景

2013 年 6 月 28 日至 29 日，习近平在全国组织工作会议上的讲话中提出，党的干部必须坚持原则、认真负责，面对大是大非敢于亮剑，面对矛盾敢于迎难而上，面对危机敢于挺身而出，面对失误敢于承担责任，面对歪风邪气敢于坚决斗争。

2018 年 8 月 21 日至 22 日，习近平在全国宣传思想工作会议上的讲话中强调，建设具有强大凝聚力和引领力的社会主义意识形态，是全党特别是宣传思想战线必须担负起的一个战略任务。要旗帜鲜明坚持真理，立场坚定批驳谬误。要压实压紧各级党委（党组）责任，做到任务落实不马虎、阵地管理不懈怠、责任追究不含糊。

2019 年 3 月 1 日，习近平在中央党校（国家行政学院）中青年干部培训班开班式上发表重要讲话强调，干部要面对大是大非敢于亮剑，面对矛盾敢于迎难而上，面对危机敢于挺身而出，面对失误敢于承担责任，面对歪风邪气敢于坚决斗争，做疾风劲草、当烈火真金。

2019 年 9 月 3 日，习近平在秋季学期中央党校（国家行政学院）中青年干部培训班开班式上发表重要讲话强调，共产党人的斗争是有方向、有立场、有原则的，大方向就是坚持中国共产党领导和我国社会主义制度不动摇，并强调，领导干部要主动投身到各种斗争中去，在大是大非面前敢于亮剑，在矛盾冲突面前敢于迎难而上，在危机困难面前敢于挺身而出，在歪风邪气面前敢于坚决斗争。

抗日战争爆发后，中国共产党不计前嫌主动争取与国民党组成抗日

民族统一战线，而且毛泽东认为国共合作必须以保持共产党的独立性为根本前提。为此，针对个别部队放弃党的原则立场一味迁就国民党而丧失共产党独立性的做法，中共中央指出："我军的政治工作是根据共产党的理论、纲领、策略和口号。因此，军队中的政治工作，仍旧是共产党的党的工作，并不因统一战线的环境和战区的指挥关系，而有所改变。因此政治工作上必须在政治上、理论上、组织上、工作内容与方法上，保持共产党的独立性。一切迁就国民党，迁就军队指挥的上下系统，而丧失或减弱我党独立性的办法都是有害的"；"红军时代的政治工作条例基本上现在仍旧适用。……我们必须保证共产党对军队的领导。一切减弱党的领导作用的企图办法，都应该坚决拒绝之"。在此基础上，陈毅更加明确地指出："政治工作就是党的工作，政治工作机关就是党的工作机关。"

1940年2、3月间，中国共产党在打退国民党第一次反共高潮后，中共中央认真分析了国内政治情况指出：在日本入侵的情况下，中日民族矛盾依然是主要矛盾，国内阶级矛盾仍处于从属地位，共产党的任务仍应是巩固和扩大抗日民族统一战线。为此，共产党创造性地确定了几条重要的策略原则：（1）发展进步势力，争取中间势力，最大限度地孤立顽固势力；（2）在对国民党顽固派的斗争中，应坚持"人不犯我，我不犯人，人若犯我，我必犯人"的自卫立场和"有理、有利、有节"的原则；（3）在统一战线中斗争是手段，团结是目的；（4）争取时局好转的同时，随时准备应付突发的事变。这些原则对当时和此后中国共产党驾驭复杂局面，处理棘手的问题都具有重大的指导意义。

开放论述

我们党之所以能带领人民攻克一个个难关，取得一个个胜利，创造一个个奇迹，其中最重要的原因之一就是我们党的斗争历来都是重视方向、立场、原则的。方向决定前途命运。共产党人的斗争是有方向、有立场、有原则的，大方向就是坚持中国共产党领导和我国社会主义制度不动摇。

中国共产党领导是中国特色社会主义最本质的特征，是中国特色社会主义制度的最大优势。无数事实都证明，削弱、否定党的领导，国家就会陷入灾难，人民就会步入苦难。自我们党成立以来，凡是党中央有权威、党团结统一的时候，党就能汇聚全党全军全国人民的力量攻坚克难，反之则会遭受挫折。正因如此，凡是危害中国共产党领导和我国社会主义制度的各种风险挑战，凡是危害我国主权、安全、发展利益的各种风险挑战，凡是危害我国核心利益和重大原则的各种风险挑战，凡是危害我国人民根本利益的各种风险挑战，凡是危害我国实现“两个一百年”奋斗目标、实现中华民族伟大复兴的各种风险挑战，只要来了，我们就必须进行坚决斗争，而且必须取得斗争胜利。

我们的头脑始终要特别清醒、立场始终要特别坚定，牢牢把握正确斗争方向，做到在各种重大斗争考验面前“不畏浮云遮望眼”，“乱云飞渡仍从容”。形势决定任务。我们共产党人的斗争，从来都是奔着矛盾问题、风险挑战去的。当前和今后一个时期，我国发展进入各种风险挑战不断积累甚至集中显露的时期，面临的重大斗争不会少，经济、政治、文化、社会、生态文明建设和国防和军队建设、港澳台工作、外交工作、党的建设等方面都有，而且越来越复杂。领导干部要有草摇叶响知鹿过、松风一起知虎来、一叶易色而知天下秋的见微知著能力，对潜在的风险有科学预判，知道风险在哪里，表现形式是什么，发展趋势会怎样，该斗争的就要斗争。领导干部要主动投身到各种斗争中去，在大是大非面前敢于亮剑，在矛盾冲突面前敢于迎难而上，在危机困难面前敢于挺身而出，在歪风邪气面前敢于坚决斗争。

名篇摘录

以身许国，何事不可为？以身许国，何事不敢为？身处我国发展新的历史方位，广大干部特别是年轻干部要不断增强“四个意识”、坚定“四个自信”、做到“两个维护”，在哪个岗位就把哪个岗位的事情干好，履行什么职责就把这个职责完成好。惟其如此，我们才能胜利实现我们党确定的目标任务，在新的伟大斗争中写下新的光辉篇章！

——摘录自《人民日报评论员：把准斗争方向　明确斗争任务——论学习贯彻习近平总书记在中青班开班式上重要讲话精神》，《人民日报》，2019 年 9 月 5 日

共产党人的斗争是有方向、有立场、有原则的。纪检监察机关因党而生、为党而战、兴党而强，在斗争中更要头脑清醒、立场坚定。

——摘录自《把准斗争方向　明确斗争任务——纪检监察干部认真学习贯彻习近平总书记在中青班开班式上重要讲话精神》，中央纪委国家监委网站，2019 年 9 月 7 日

践行提醒

进行具有许多新的历史特点的伟大斗争，首先不能忘了中国共产党是什么、要干什么，我是谁、为了谁、依靠谁这些根本问题，不能在日益复杂的斗争中迷失了自我、迷失了方向。要正确把握好一系列事关党的领导、旗帜道路，事关国家主权、安全、发展利益的重大原则问题，明确当前和今后一个时期我们面临的斗争任务，广大干部特别是年轻干部在新时代发扬斗争精神、增强斗争本领，要始终保持头脑特别清醒、立场特别坚定，做到在各种重大斗争考验面前“不畏浮云遮望眼”，“乱云飞渡仍从容”。

一要始终牢记初心使命，鼓足斗争原动力，确保斗争永远有方向。中国共产党人的初心和使命，就是为中国人民谋幸福，为中华民族谋复兴。牢牢把握正确斗争方向，大方向就是坚持中国共产党领导和我国社会主义制度不动摇。中国共产党代表中国最广大人民的根本利益，社会主义制度实现人民当家作主。坚持中国共产党领导和我国社会主义制度不动摇保障近 14 亿中国人民的基本权利和根本利益，斗争就有了原动力，始终牢记初心使命，斗争原动力就会源源不断，永不枯竭。广大党员干部必须头脑清醒，方向明确，在斗争中促进矛盾向有利于党的事业和人民的利益的方

向转化、发展。

二要始终站稳人民立场，鼓足斗争续航力，确保斗争永远有立场。共产党人在各种重大斗争考验面前，立场要特别坚定。在大是大非面前，为谁的利益说话、立场站在哪一边比滔滔不绝的雄辩更加重要。如果说方向决定出路，那么可以说立场决定态度。如果说利益决定立场，那么可以说立场决定观念，观念决定行为。如果说方向决定斗争为了谁，那么可以说立场决定斗争依靠谁。因此广大党员干部必须提高政治站位，始终站稳人民立场，鼓足斗争续航力，确保斗争永远有正确立场，行稳致远。

三要始终明辨是非黑白，鼓足斗争战斗力，确保斗争永远有原则。凡是危害中国共产党领导和我国社会主义制度的各种风险挑战，凡是危害我国主权、安全、发展利益的各种风险挑战，凡是危害我国核心利益和重大原则的各种风险挑战，凡是危害我国人民根本利益的各种风险挑战，凡是危害我国实现“两个一百年”奋斗目标、实现中华民族伟大复兴的各种风险挑战，只要来了，就必须进行坚决斗争，必须取得斗争胜利。这就是斗争所依据的法则或标准。坚持原则，就有战斗力，就能敢于斗争，善于斗争，就能保持战略定力，优化战术决断，就能守土有责、守土尽责，召之即来、来之能战、战之必胜。

8 共产党人的斗争从来都是奔着矛盾问题、风险挑战去的

重要背景

2019 年 9 月 3 日，习近平在中央党校（国家行政学院）中青年干部培训班开班式上发表重要讲话强调，我们共产党人的斗争，从来都是奔着矛盾问题、风险挑战去的。当前和今后一个时期，我国发展进入各种风险挑战不断积累甚至集中显露的时期，面临的重大斗争不会少，经济、政治、文化、社会、生态文明建设和国防和军队建设、港澳台工作、外交工作、党的建设等方面都有，而且越来越复杂。领导干部要有草摇叶响知鹿过、松风一起知虎来、一叶易色而知天下秋的见微知著能力，对潜在的风险有科学预判，知道风险在哪里，表现形式是什么，发展趋势会怎样，该斗争的就要斗争。

以毛泽东同志为核心的中国共产党第一代领导集体，带领中国人民经过艰苦卓绝的斗争，建立新中国，探索社会主义建设道路，本身就是一个不断解决矛盾问题，风险挑战的过程。

以党的七大制定的总路线为例。党的七大制定的总路线是建立一个新中国，一个新民主主义的中国，一个独立的、自由的、统一的、富强的中国。如何实现这个总目标，毛泽东首先想到的是矛盾和挑战。他在党的七大结论报告中，讲了十七条困难，诸如，外国大骂、国内大骂、丢失根据地、损失若干万军队、跑掉散掉若干万党员、党内出现悲观心理、经济困难，等等。毛泽东讲这些困难是提醒和告诫全党：许多事情是意料不到的，但是一定要想到，尤其是我们的高级负责干部要有这种精神准备，准备对付非常的困难，对付非常的不利情况，对待困难要透彻地想

好。准备了麻烦，麻烦就少，世界上的事，大体上都是这样。讲困难不是目的，目的是要夺取胜利。讲了十七条困难后，毛泽东紧接着就讲了八个我们一定要胜利：第一，暂时吃亏，最终胜利。这个原则是不会错的，终究我们是要胜利的，马克思主义者要坚信这一条。第二，此处失败，彼处胜利。东方不亮西方亮，黑了南方有北方，我们总有出路。第三，一些人跑了，一些人来了。天要下雨，他硬要跑那有什么办法？今天有些人跑了，明天有一些不怕困难的人又来了，我们说一定会有许多人会来的。第四，一些人死了，一些人活着。天有不测风云，人有旦夕祸福。我们要准备一些人牺牲，但总有活着的人。这样大的党，这样大的民族，怕什么。第五，经济困难就学会做经济工作。自己动手，发展生产，克服困难。第六，克服天灾，太行有经验，这些经验很好。第七，党内发生纠纷，这也是给我们上课，使我们获得锻炼。来一次大纠纷，就是一次大锻炼。毛铁炼成钢，是要经过无数次的敲打的。第八，没有国际援助，学会自力更生。没有援助有一个好处，援助太多了也有一个坏处。要学会自力更生，准备没有援助。不是只有外国援助，我们也援助外国。

以邓小平同志为核心的中国共产党第二代领导集体，在“文化大革命”刚刚结束，国民经济濒临崩溃边缘，人民群众生活依然贫困的艰难条件下，直面矛盾和风险，以惊人的魄力开启了改革开放的新时期。党的十四大以后，中国进入高速发展的“快车道”。邓小平一方面继续强调“对中国来说，大发展的机遇并不多”，“要抓住二十世纪的尾巴”，“珍惜这个好的发展机遇，保持好的发展势头”；另一方面，邓小平这时候也开始思考中国发展起来以后面临的新问题。随着改革开放的进一步引向深入，随着经济体制改革的突破，中国在发展过程中必然会遇到预料之中和预料之外的各种新问题。对于这一点，邓小平有着清醒的估计，他说：“过去我们讲先发展起来。现在看，发展起来以后的问题不比不发展时少。”随着改革的不断深入，“问题也会越来越多，越来越复杂，随时都会出现新问题”。在邓小平看来，中国发展起来以后面临的新挑战，不仅表现在经济社会方面，还表现在政治、文化以及意识形态等各个方面。比如，在改革开放之初，我们提出必须坚持四项基本原则。随着经济社会的发展，人们的利益格局不断分化、思想日趋多元化，如何适应不断发展变化的形势，更好地坚持四项基本原则成为一个重大课题。邓小平深刻提出："现在经济发展这么快，没有四个坚持，究竟会是个什么局面？提出四个坚持，以后怎么做，还有文章，还有一大堆的事情，还有没有理清楚的东西。"比如说，如何不断坚持和开辟社会主义道路，如何不断加强和改善党的领导，如何进一步巩固马克思主义在意识形态领域的指导地位，如何进一步扩大民主、推动有序政治参与等，都是需要我们不断结合实际加以思考和解决的问题。如何更好地坚持思想基本原则，我们还有很多事情要做。今天看来，邓小平当时所思考的关于中国发展起来以后面临的上述新挑战，现在都成为我们所要着力解决的现实问题。

开放论述

回顾党的历史，28 年艰苦卓绝的斗争是一部党领导人民应对外国帝国主义、本国封建主义和官僚资本主义的奋勇抗争的历史。约 20 年社会主义道路的初步探索是一部党领导人民自力更生、摸爬滚打、曲折探索的历史。40 多年改革开放的历程，也是一部党带领人民在应对风险挑战中披荆斩棘奋勇前进的历史。党的十八大以来，习近平多次强调，要增强忧患意识、居安思危，做好应对任何形式的矛盾风险挑战的准备，时刻准备进行具有许多新的历史特点的伟大斗争，以党的自我革命来推动党领导人民进行的伟大社会革命。当今，我们面临的重大风险，既包括国内的经济与金融、政治和意识形态、社会风险以及来自自然界的风险，也包括国际经济、政治、军事风险等。我们面临的挑战，既包括一些既成大国及有关国家警惕、防范甚至打压而威胁我国总体安全的挑战，也包括国内改革发展稳定进程中遇到的诸多矛盾、难题的挑战，还有国内外各种社会思潮对我国意识形态安全或文化安全的挑战。对于中国共产党而言，我们面临的矛盾问题、风险挑战从来没有间断过，共产党人的斗争也从来都是奔着矛盾问题、风险挑战去的。

面对这些矛盾问题、风险挑战，共产党人从不畏惧。发现矛盾、分析矛盾、解决矛盾的过程，就是发现问题、解决问题、推动发展的过程。习近平在主持十九届中央政治局第一次集体学习时就强调，领导干部既要敢于直面矛盾和问题，又要善于化解矛盾和问题。今天，我们要清醒认识到，党员干部队伍还存在这样或那样的问题，与完成历史使命的要求还有很大差距，必须树立危机意识、忧患意识和问题意识。对一个国家、一个民族来说，最大的危机是缺乏危机意识，最大的忧患是缺乏忧患意识，最大的问题是缺乏问题意识。我们党承担着艰巨任务，面对严峻复杂的形势，必须持续攻坚克难。

面对这些矛盾问题、风险挑战，共产党人始终保持精神状态和奋斗姿态。作为一个在近 14 亿人口大国长期执政且有着 9000 多万名党员的党，中国共产党是世界上最大的政党。“大就要有大的样子。”我们党肩负历史使命、时代担当和人民重托，面临的是前所未有的复杂形势，干的是前无古人的创造性事业，追求的是数代中国人梦寐以求的夙愿。要肩负这样的使命担当，需要我们党始终保持锐意进取、永不懈怠的精神状态和敢闯敢干、一往无前的奋斗姿态。

推进新时代的伟大社会革命，必然面临许多矛盾问题、风险挑战，必然进行具有许多新的历史特点的伟大斗争，这就要求领导干部始终保持共产党人的斗争风范，要加强斗争历练，增强斗争本领，永葆斗争精神，到重大斗争一线去真枪真刀磨砺，经风雨、见世面、壮筋骨、长才干。在这个过程中，必须提高政治站位、坚定立场。人心齐泰山移。只要全党心往一处想，劲往一处使，就没有攻克不了的难题。

名篇摘录

斗争是破解矛盾、实现目标之道。斗争不仅是历史的基本经验，而且是现实的迫切需要。首先，斗争是矛盾和风险的破解之道。社会是在矛盾运动中前进的，有矛盾就会有斗争。否认矛盾、回避矛盾没有出路；只有直面矛盾、迎难而上，才有希望。其次，斗争是实现奋斗目标的现实要求。中华民族伟大复兴绝不是轻轻松松、敲锣打鼓就能实现的，实现伟大梦想必须进行伟大斗争。我们必须深刻认识斗争的艰巨性、复杂性、长期性。在前进道路上我们面临的风险考验只会越来越复杂，甚至会遇到难以想象的惊涛骇浪。

——摘录自《深刻认识和把握“斗争”的时代内涵》，
荆世群，《湖南日报》，2019 年 9 月 7 日

对于当前的斗争方向，习近平总书记同样开门见山：“我们共产党人的斗争，从来都是奔着矛盾问题、风险挑战去的。”共产党人的斗争是有方向、有立场、有原则的：

——与各种错误思潮斗争，据理力争、涤浊扬清。

——与各种不良风气斗争，从严治党、勇于担当。

——与各种危险倾向斗争，阐明立场、统揽全局。

——摘录自《百年大党召唤“伟大斗争”》，
姚奕、万鹏、任一林、吴兆飞，
中国共产党新闻网，2019 年 9 月 5 日

践行提醒

我们共产党的斗争，从来都是奔着矛盾问题、风险挑战去的。当前和今后一个时期，我国发展进入各种风险挑战不断积累甚至集中显露的时期，面临的重大斗争不会少，而且越来越复杂。

一要增强风险意识。回望历史，我们的民族、我们的国家、我们的党，都是生于忧患，长于忧患，发展壮大于忧患的。展望未来，实现中华民族伟大复兴的道路上不可能一帆风顺，必然会遇到各种可以预见和难以预见的风险挑战。必须清醒看到，站在新的历史起点上，我国发展既面临重大历史机遇，也面临不少风险挑战。有外部风险，也有内部风险，有一般风险，也有重大风险。可以说，前进道路并不平坦，诸多矛盾叠加、风

险隐患增多的挑战依然严峻复杂。党员干部必须保持高度的警惕，切实做好应对任何风险挑战的思想准备和各项工作，要认真深入学习贯彻习近平新时代中国特色社会主义思想，紧密联系外部环境深刻变化和国内改革发展稳定面临的新情况新问题新挑战，充分认识防范化解重大风险的重要性和紧迫性，进一步增强防范化解重大风险的政治自觉和责任担当，切实做好应对任何风险挑战的思想准备和各项工作，科学预见和精准研判形势发展走势和隐藏其中的风险挑战，把自己职责范围内的风险防控好，努力将矛盾消解于未然，将风险化解于无形。

二要提高防范化解风险能力。防范化解风险能力，实质上就是认识问题、分析问题、解决问题的能力。党员干部要不断掌握新知识、熟悉新领域、开拓新视野，增强发现风险、认识风险、化解风险的本领。要坚决贯彻总体国家安全观，落实党中央关于维护政治安全的各项要求，确保我国政治安全。要持续巩固壮大主流舆论强势，落实意识形态责任制，创新思想政治工作内容和形式。面对经济运行稳中有变、变中有忧，既要保持战略定力，推动我国经济发展沿着正确方向前进；又要增强忧患意识，未雨绸缪，精准研判、妥善应对经济领域可能出现的重大风险。面对维护社会大局稳定的任务，我们要切实落实保安全、护稳定各项措施，下大气力解决好人民群众切身利益问题，不断增加人民群众获得感、幸福感、安全感。面对全球动荡源和风险点增多，我们要统筹国内国际两个大局、发展安全两件大事，既聚焦重点、又统揽全局，有效防范各类风险连锁联动，为我国改革发展稳定营造良好外部环境。

三要永葆斗争精神。历史告诉我们，党领导的革命、建设、改革事业从来不是一帆风顺的，一直是在应对各种风险挑战中走过来的。今天，我们比历史上任何时期都更接近、更有信心和能力实现中华民族伟大复兴的目标，越是这个时候，越要有如履薄冰的谨慎，越要有居安思危的忧患。习近平反复强调，领导干部要担起防范化解重大风险的政治责任，并深刻分析政治、意识形态、经济、科技、社会、外部环境、党的建设等领域重大风险。我们现在所处的是一个船到中流浪更急、人到半山路更陡的时候，国防和军队建设面临的矛盾问题和风险挑战还很多。永葆斗争精神，是党员领导干部必有的态度、必要的历练、必备的作风。党员干部必须充分认识这场伟大斗争的长期性、复杂性、艰巨性，摒弃贪图享受、消极懈怠、回避矛盾的思想和行为，始终保持共产党人敢于斗争的风骨、气节、操守、胆魄，以“踏平坎坷成大道，斗罢艰险又出发”的顽强意志，应对好每一场重大风险挑战。

9 要始终发扬斗争精神

重要背景

党的十八大以来，习近平在不同场合多次强调“我们党正在进行具有许多新的历史特点的伟大斗争”。

2016年年底，习近平在中央政治局民主生活会上发表的重要讲话中指出：“面对新形势新挑战，要发扬斗争精神，既要敢于斗争，又要善于斗争，在事关中国特色社会主义前途命运的大是大非问题上坚定不移，在改革发展稳定工作中敢于碰硬，在全面从严治党上敢于动硬，在维护国家核心利益上敢于针锋相对，不在困难面前低头，不在挑战面前退缩，不拿原则做交易，不在任何压力下吞下损害中华民族根本利益的苦果。”

2017年10月18日，习近平在十九大报告中指出：“全党要充分认识这场伟大斗争的长期性、复杂性、艰巨性，发扬斗争精神，提高斗争本领，不断夺取伟大斗争新胜利。”

2019年9月3日，习近平在中央党校（国家行政学院）中青年干部培训班开班式上发表重要讲话强调，胜利实现我们党确定的目标任务，必须发扬斗争精神，增强斗争本领。

1935年12月，毛泽东在《论反对日本帝国主义的策略》中说：“我们中华民族有同自己的敌人血战到底的气概，有在自力更生的基础上光复旧物的决心，有自立于世界民族之林的能力。”全面抗战开始不久，战场局势不明，“亡国论”大行其道时，毛泽东就豪迈地宣称，我们的军队是人民的军队，是无敌于天下的。他还说过这样一句话：“个把日本帝国主义是不够打的!”这些话，不仅仅是简单的语言上的豪迈，这是对中华民族、中国共产党人斗争精神的完美诠释和最好肯定。在长期的革命实践中，斗争精神逐渐丰富发展为中国共产党人重要的思想武器。抗战胜利后，面对蒋介石的内战图谋，毛泽东一针见血地指出："就我们自己的愿望说，我们连一天也不愿意打。但是如果形势迫使我们不得不打的话，我们是能够一直打到底的。"中华人民共和国成立后，面对帝国主义的包围，他仍乐观地做出预计，帝国主义那套东西就怕打，打的结果，一定是社会主义阵营获胜。"第一次世界大战以后，出了一个苏联，两亿人口。第二次世界大战以后，出了一个社会主义阵营，一共 9 亿人口。如果帝国主义者一定要发动第三次世界大战，可以断定，其结果必定又要有多少亿人口转到社会主义方面，帝国主义剩下的地盘就不多了，也有可能整个帝国主义制度全部崩溃。""如果发生了第三次世界大战，资本主义世界就要完结。如果有疯子要发动战争，也没有什么了不起，灭亡的是帝国主义。"在毛泽东看来，有了这种对世界大势的清醒认识和斗争的必胜信心，暂时强大的帝国主义又有什么可怕的呢?!

开放论述

斗争是哲学概念，具有普遍的概括性，是唯物辩证法对立统一规律的重要范畴，也是马克思主义政党完成自身历史使命的必由之路。对于中国共产党人来说，斗争精神既是过去赢得一个又一个胜利的重要法宝，也是当前进行具有许多新的历史特点的伟大斗争的有力武器。我们提倡发扬的斗争精神中的"斗争"二字，绝非庸俗哲学意义上的不同人或不同群体、组织之间为了争夺利益而进行的争斗或争夺，更不是再去搞"以阶级斗争为纲"，而是指我们在以经济建设为中心的新征程上，不能丢失那种敢于直面矛盾、敢于较真碰硬、敢于尽责尽力、敢于善作善成的精神状态，那种攻坚克难的实际行动。

斗争精神是马克思主义者的宝贵品格，是中国共产党人鲜明的政治品格和优良的革命传统，也是我们前进道路上不能丢掉的精神武器。中国共产党 90 多年的历史就是一部充满艰辛和斗争的历史。

在艰苦卓绝的革命战争年代，我们党的主要任务是为民族独立、国家富强、人民解放和幸福而斗争。以毛泽东同志为主要代表的中国共产党人，团结带领人民探索出一条以农村包围城市、武装夺取政权的道路，经过28年艰苦卓绝的斗争，推翻三座大山，建立中华人民共和国，实现民族独立、人民解放。

在社会主义革命、建设时期，中国共产党团结带领全党、全军和全国各族人民，不仅以敢为人先的斗争精神完成了国际共产主义运动历史上前所未有的社会主义改造，而且取得了抗美援朝的伟大胜利，“两弹一星”的研制成功等一系列成就。

在改革开放进程中，我们党解放思想，实事求是，以开拓进取精神推出一系列改革举措，一步步深化改革扩大开放，坚决与来自各方面的各种错误思潮进行不妥协的斗争，确保改革开放始终沿着社会主义方向前进。

党的十八大以来，习近平率领全党同志，以巨大政治勇气和强烈责任担当，统筹推进“五位一体”总体布局、协调推进“四个全面”战略布局，开展意识形态领域斗争，推动党和国家机构改革，推动国防和军队进行重构性改革，以雷霆万钧之力开展反腐败斗争，推进中国特色大国外交，推动党和国家事业取得全方位、开创性成就，发生深层次、根本性变革，解决了许多长期以来想解决而没有解决的问题，党的面貌、国家的面貌、社会的面貌焕然一新，中国特色社会主义进入新时代。

当前，我国的外部环境发生了深刻变化，改革发展稳定面临许多新情况新问题新挑战，经济、政治、文化、社会、生态文明建设和国防和军队建设、港澳台工作、外交工作、党的建设等方方面面都会面临各种斗争，而且斗争越来越复杂。正因如此，习近平在省部级主要领导干部坚持底线思维着力防范化解重大风险专题研讨班开班式上，要求党员干部必须始终保持高度警惕，坚持底线思维，增强忧患意识，提高防控能力，着力防范化解重大风险，特别是要防范化解政治、意识形态、经济、科技、社会、外部环境、党的建设七个领域的重大风险。做好这些工作，都必须有充沛顽强的斗争精神做保障。

世界发展永无止境，矛盾和问题永无止境，解决问题和矛盾的斗争实践也永无止境。正如习近平所指出的，社会是在矛盾运动中前进的，有矛盾就会有斗争。领导干部不论在哪个岗位、担任什么职务，都要勇于担当、攻坚克难，既当指挥员、又当战斗员，培养和保持顽强的斗争精神、坚韧的斗争意志、高超的斗争本领，做敢于斗争、善于斗争的战士。因此，各级领导干部要始终保持和发扬斗争精神，在深入研究新情况、不断解决新问题的实践中努力开创各项工作新局面。

名篇摘录

“人是要有一点精神的。”斗争精神是我们党赢得过往胜利的重要法宝，也必将是我们党赢得新的伟大斗争的有力思想武器。中国越前进、党的事业越发展，遇到的新情况、新问题就会越多。党要团结带领人民有效应对重大挑战、抵御重大风险、克服重大阻力、解决重大矛盾，就必须继承和发扬好斗争精神，敢于迎难而上、动真碰硬，善于攻坚克难、善作善成。

——摘录自《在新时代继续发扬斗争精神》，
李照雨，《学习时报》，2018 年 1 月 10 日

首先，要传承斗争精神，始终保持中华民族和共产党人敢于斗争的风骨气节、操守胆魄。

其次，要发扬斗争精神，以敢为天下先的勇气破除社会主义事业发展道路上的各种阻碍。

再次，要培养斗争精神，增强斗争本领，始终保持党的先进性、纯洁性。

——摘录自《党员干部要传承发扬斗争精神》，
朱海鸿，《青海日报》，2019 年 3 月 25 日

践行提醒

我们全党上下要充分认识伟大斗争的长期性、复杂性、艰巨性，要发

扬斗争精神，锤炼斗争意志，提高斗争本领，不断夺取伟大斗争新胜利。

一要明确斗争方向。发扬斗争精神，首要的就是在事关中国特色社会主义前途命运的问题上旗帜鲜明、坚定不移，毫不动摇地坚持党的领导，坚决维护社会主义制度。当前，世界多极化、经济全球化、文化多样化、社会信息化深入发展，各种思想文化交流交融交锋，意识形态领域斗争依然复杂，从某种意义上看，意识形态也是一种战争、一种没有硝烟的更高层次的战争。党员干部要把坚持中国共产党领导和我国社会主义制度不动摇放在首位，这是斗争的大方向。凡是危害中国共产党领导和我国社会主义制度的各种风险挑战，凡是危害我国主权、安全、发展利益的各种风险挑战，凡是危害我国核心利益和重大原则的各种风险挑战，凡是危害我国人民根本利益的各种风险挑战，凡是危害我国实现“两个一百年”奋斗目标、实现中华民族伟大复兴的各种风险挑战，只要来了，我们就必须进行坚决斗争，而且必须取得斗争胜利。要牢固树立“四个意识”、坚定“四个自信”、坚决做到“两个维护”，始终在政治立场、政治方向、政治原则、政治道路上同以习近平同志为核心的党中央保持高度一致，不折不扣贯彻落实习近平总书记重要指示批示精神和党中央决策部署，当好党和人民的忠诚卫士。

二要提升斗争能力。斗争是否能胜利，凭的是解决问题的实干能力。党员干部要不断积累斗争经验，提高自身战斗力，坚持守土有责、守土尽责，自觉地投身改革创新时代潮流，到重大斗争中去真刀真枪干，到急难险重一线打几场硬仗，把火热的实践作为最好的课堂，在历练中经风雨、见世面、壮筋骨、长才干。首先要学好理论。习近平多次强调，党的各级领导干部特别是高级领导干部，要原原本本研读经典著作，努力把马克思主义哲学作为自己的看家本领。党员干部要多读马克思主义经典著作，不断接受马克思主义哲学智慧的滋养，努力掌握并熟练运用这一看家本领。习近平新时代中国特色社会主义思想，是当代中国的马克思主义、21 世纪的马克思主义，是当代中国共产党人的“真经”“心学”。要把学懂弄通做实习近平新时代中国特色社会主义思想作为理论武装的首要任务。其次要提升专业能力。党员干部要把职责履行好、把事既办成又办好，必须具有专业素养、专业能力。党的十八大以来，习近平一直强调要加强干部队伍专业化建设，使专业素养和工作能力跟上时代节拍，加快知识更新，优化知识结构，注重构建与贯彻新发展理念相适应的知识体系，努力使自己真正成为工作领域的行家里手、内行领导。再次要注重实践锻炼。党员干部要增强斗争本领，在斗争中历练是根本途径。党员干部要主动到重大斗争中去经受锻炼，在事上练、火中烤、难上熬，把火热的基层一线当作战斗疆场，把条件艰苦、矛盾复杂的地方当作熬炼筋骨意志的大熔炉。否则就不能练就真功夫、硬本领，做不到临危不惧、处变不惊，实现化危为机、化险为夷。

三要讲究斗争艺术。斗争是一门艺术，要善于斗争，注重策略方法，讲求斗争艺术，不要逞强好胜、争勇斗狠，更不是盲目冲动、不讲变通。习近平在讲话中强调“在原则问题上寸步不让，在策略问题上灵活机动，要根据形势需要，把握时、度、效，及时调整斗争策略”。党员干部要抓主要矛盾、抓矛盾的主要方面，斗争要坚持有理有利有节，合理选择斗争方式、把握斗争火候。要团结一切可以团结的力量，调动一切积极因素，在斗争中争取团结，在斗争中谋求合作，在斗争中争取共赢。要坚持增强忧患意识和保持战略定力相统一、坚持战略判断和战术决断相统一、坚持斗争过程和斗争实效相统一。

10　要始终保持坚韧的斗争意志

重要背景

2019年9月3日，习近平在中央党校（国家行政学院）中青年干部培训班开班式上发表重要讲话强调，领导干部不论在哪个岗位、担任什么职务，都要勇于担当、攻坚克难，既当指挥员、又当战斗员，培养和保持顽强的斗争精神、坚韧的斗争意志、高超的斗争本领。

中国革命先行者孙中山具有愈挫愈奋、不屈不挠、坚韧不拔的斗争意志。他在总结自己十落十起的奋斗经历时说："有志竟成"。毛泽东十分敬佩和赞扬孙中山不屈不挠的斗争精神和坚强的斗争意志，他本人就有钢铁般的斗争意志。"敌军围困万千重，我自岿然不动。"这就是在井冈山极端艰苦、残酷的斗争中所表现出来的坚韧不拔的斗争意志的真实写照。面对几倍以至十几倍的国民党军的"围剿"，毛泽东深刻分析了中国社会的各种矛盾，彻底批判了害怕敌人、实行逃跑主义的错误主张，批判了对中国革命悲观失望的论调，预见中国革命的高潮就将到来，"星星之火，可以燎原"。井冈山军民充满革命必胜的坚强意志。他们以梭镖加土枪一次又一次粉碎敌人的军事"围剿"，终于取得了黄洋界保卫战等诸多辉煌胜利，保卫了井冈山。

1937年10月23日，毛泽东为陕北公学成立题词："要造就一大批人，这些人是革命的先锋队。这些人具有政治远见。这些人充满着斗争精神和牺牲精神。"他用武松打虎的故事激励干部战士的斗争精神和斗争意志。正是凭借这种坚韧不拔的斗争意志，经历了几十年的浴血奋战，中国共产党带领中国人民夺取政权，建立了新中国。

邓小平一生三落三起，但在人生逆境、遭受错误打击和蒙受冤屈的时候，从不怨天尤人，从不心灰意冷，从不自暴自弃，而是沉着坚韧、不屈不挠、愈挫愈勇。邓小平从领导百色起义到参加万里长征，从转战太行山到千里跃进大别山，从领导淮海战役到指挥渡江作战，从进军大西南到领导和平解放西藏，从率团参加莫斯科谈判到出席联合国第六届特别会议，从全面整顿到“拨乱反正”，从农村改革到全面改革开放，无不显示出他坚韧的斗争意志。1982 年，人称“铁娘子”的英国首相撒切尔夫人在同邓小平会谈时提出，历史上关于香港问题的条约按国际法依然有效，1997 年后英国要继续管理香港。邓小平马上反驳道：“主权问题不是一个可以讨论的问题”，中国一定要在 1997 年收回香港。这种掷地有声的回答，表明邓小平坚韧的斗争意志，充分显示出中国领导人坚定不移地维护国家主权、民族尊严和独立自主的大国形象。

开放论述

意志是对实现目的有方向、有信念地坚持的一种心理活动（含潜意识中的心理活动）。斗争精神是我们党的宝贵精神财富，是我们党取得胜利的重要法宝。坚韧的斗争意志是中国共产党在长期的革命、改革和建设过程中形成的内在的政治品格和精神实质。历经 98 年风风雨雨，中国共产党带领全国各族人民进行了艰苦卓绝的斗争，取得了民族独立和人民解放，实现了由新民主主义到社会主义的转变，赢得了社会主义革命和现代化建设的伟大成就。一代又一代共产党人风雨无阻、砥砺前行，坚守为人民谋幸福、为中华民族谋复兴的初心和使命，用极其坚韧的斗争意志，勇于自我革命的斗争精神，成就了人类历史上前所未有的伟大事业。正是这些斗争经历，积淀了中国共产党人坚韧的斗争意志。

斗争精神不是天赋的，需要在大风大浪甚至惊涛骇浪中去涵养。承平日久，最可怕的不是风险，而是缺乏斗争意志，嗅不出敌情、分不清是非、辨不明方向。因此，党员干部要牢记总书记嘱托，不忘初心、牢记使命，永不懈怠，始终保持坚韧的斗争意志。我们面临的各种斗争不是短期的而是长期的，至少要伴随我们实现第二个百年奋斗目标全过程。现实中，有的人得了“软骨病”、不愿斗争，宁当“好好先生”“开明绅士”；

有的人患上恐惧症、不敢斗争，不接“烫手山芋”、不钻“矛盾窝”；有的人搞一团和气、不言斗争，凡事追求四平八稳、“差不多就行”。长此以往，只会精神委顿、斗志尽失，每遇风浪则脑发蒙、腿发软、心发慌。我们还远远没到可以松口气、歇歇脚的时候，绝不能在成绩面前固步自封而失去开拓奋进的锐气，不能躺在功劳簿上贪图安逸而鼓不起干事创业的激情。面对新的形势和任务，党员干部要清醒地看到存在的困难和面临的挑战，始终保持坚韧的斗争意志，增强“四个意识”，坚定“四个自信”，做到“两个维护”，大力弘扬愚公移山精神、敢闯敢试、敢为人先，不达目的誓不罢休，才能在严峻形势和斗争任务面前取得胜利。

坚韧的斗争意志永不过时。胜利要靠斗争获得，斗争需要保持坚韧的斗志。中华民族伟大复兴，绝不是轻轻松松、敲锣打鼓就能实现的。当前和今后一个时期，我们面临的重大风险，既包括国内的经济、政治、意识形态、社会风险以及来自自然界的风险，也包括国际经济、政治、军事风险等。我们要做到不在困难面前低头，不在挑战面前退缩。我们要把责任扛在肩上，时刻准备应对重大挑战、抵御重大风险、克服重大阻力、解决重大矛盾。我们必将凝聚起无坚不摧的磅礴力量，保持坚韧的斗争意志，在新的伟大斗争中不断成长，以今天的奋斗成就明天的光荣，满怀自信为共和国书写崭新篇章。

名篇摘录

首先要坚定斗争意志。历史经验告诉我们，一个政党，一个国家，一支队伍，如果失去了斗争意志，是非常可怕的，离危亡也就不远了。坚定斗争意志不是好斗，而是当严峻形势和斗争任务摆在面前时，我们骨头要硬，不能胆怯、不能当逃兵，要敢于出击、敢战能胜，在大是大非面前敢于亮剑，在矛盾冲突面前敢于迎难而上，在危机困难面前敢于挺身而出，在歪风邪气面前敢于坚决斗争。

——摘录自《发扬斗争精神　坚定斗争意志——论学习贯彻习近平总书记在中青班开班式上重要讲话精神》，本报评论员，《人民日报》，2019 年 9 月 4 日事实上，越是强大的对手，越尊重意志上的强者。“今日割五城，明日割十城”，得到的只是“一夕安寝”。“打得一拳开”，才会“免得百拳来”。今天，世界面临百年未有之大变局，“黑天鹅”“灰犀牛”频现，亟待我们深刻把握世情、国情、党情，以斗争精神坚定推进社会革命和自我革命，走好新时代的长征路。人到半山、船到中流，愈进愈难、愈进愈险，唯有站稳脚跟、奋力拼搏，才能用今天的斗争为明天的梦想铺路。

——摘录自《葆有充沛顽强的斗争精神》，

李浩燃，《人民日报》，2019 年 9 月 4 日

践行提醒

我们党员领导干部不论在哪个岗位、担任什么职务，都要主动担当作为，既当指挥员、又当战斗员，要不断培养和始终保持顽强的斗争精神、坚韧的斗争意志、高超的斗争本领。

一要“补短板”。要保持坚韧的斗争意志，党员干部要用好自我革命的执政“法宝”，在一次次“刮骨疗毒”中实现自我净化、自我完善、自我革新、自我提高。这就要求党员干部敢于正视问题、直面问题，找到短板和弱项，发现差距，不断增强斗争本领，补齐短板弱项。党员干部要自觉对照党章党规，对照先进、对照榜样、对照标杆反躬自省，查找差距、补短板，边学习、边对照、边检视、边整改、向自己开刀、向惰性开战、向惯性开火，自觉抵制浮躁浮夸、急功近利的不良思想和行为，要筑牢党员干部的底线思维，提升政治境界，提升思想境界，提升道德境界。党员干部要不断磨砺自身斗争品格，培养斗争精神，提升斗争本领，敢于并善于应对风云变幻的挑战和风险，历练出“踏平坎坷成大道，斗罢艰险又出发”的顽强意志。

二要“勤学习”。学习不是一朝一夕的事。广大党员干部要发扬刻苦学习的精神，始终按照中央提出的要求不断提高自己，努力培养斗争精神、增强斗争本领，使思想、能力、行动跟上党中央要求、跟上时代前进步伐、跟上事业发展需要。要把功夫下在读原著、学原文、悟原理上，真

正学深悟透、掌握精髓，追本溯源、融会贯通，切实掌握马克思主义立场、观点、方法，自觉坚持党的指导思想，深入学习习近平新时代中国特色社会主义思想。通过持续深入的学习，激发守初心、担使命的自觉性和主动性，牢记自身肩负的神圣使命，保持斗争精神，勇于担当负责，以坚忍不拔的意志和常抓不懈的韧劲投入到建设新时期社会主义伟大事业当中来。要把学习当作一场“持久战”，养成“生命不息、战斗不止”的坚强意志，注重学而不怠、日积月累、孜孜以求、水滴石穿。只有持续深化学习，才能始终保持坚韧的斗争意志，才能掌握主动权、迎接新挑战、打开新局面。

三要“练真功”。“打铁还需自身硬”，要保持坚韧的斗争意志，党员干部要练就真功夫，拥有真本领。只有自身素质过硬了，说话才有底气，办事才能找对方向，不当“门外汉”。“宝剑锋从磨砺出，梅花香自苦寒来。”人也是如此，只有经历磨炼，才能真正成长。党员干部在工作上要不挑肥拣瘦、不拈轻怕重、不斤斤计较，遇到矛盾不躲、遇到问题不绕、遇到困难不推，主动作为、积极作为、善于作为。党员干部要敢于直面矛盾、敢于担当，要有迎难而上、攻坚克难的勇气和逢山开路、遇水架桥的执着。只有拥有强健的筋骨，才能在面对艰巨繁重的任务时攻坚克难、无往不利，广大党员干部要到重大斗争中去真刀真枪磨砺，学好本领、练就真功，成为一名勇于斗争、善于斗争的战士，练就坚韧的斗争意志。

四要“重考核”。要始终保持坚韧的斗争意志，除了党员干部自身自觉练就真功，各级党组织还可以用考核的方式来进一步促进。要旗帜鲜明把政治标准贯穿干部考核工作始终，进一步调整优化考核内容指标，考核中注重党员干部的斗争意志因素，最大限度调动广大党员干部的积极性、主动性、创造性，推动党员干部始终保持坚韧的斗争意志。要坚持正确用人导向，对于意志坚定的党员干部，可以给予重用或者更多的发展锻炼的机会，把好干部选出来、用起来，促进能者上、庸者下、劣者汰的良好态势，更好激励干部担当作为；对于斗争意志不坚定或者意志品质薄弱者，则可以按照程度的不同给予相应的惩罚处理。

11　要切实增强斗争本领

重要背景

2018 年 12 月召开的中共中央政治局民主生活会上，习近平指出，必须让我们的干部特别是领导干部经风雨、见世面、长才干、壮筋骨，保持斗争精神、增强斗争本领。

2019 年 1 月 21 日，习近平在省部级主要领导干部坚持底线思维着力防范化解重大风险专题研讨班开班式上的讲话强调，领导干部要敢于担当、敢于斗争，保持斗争精神、增强斗争本领，年轻干部要到重大斗争中去真刀真枪干。各级领导班子和领导干部要加强斗争历练，增强斗争本领，永葆斗争精神，以“踏平坎坷成大道，斗罢艰险又出发”的顽强意志，应对好每一场重大风险挑战，切实把改革发展稳定各项工作做实做好。

2019 年 9 月 3 日，习近平在中央党校（国家行政学院）中青年干部培训班开班式上发表重要讲话强调，领导干部不论在哪个岗位、担任什么职务，都要勇于担当、攻坚克难，既当指挥员、又当战斗员，培养和保持顽强的斗争精神、坚韧的斗争意志、高超的斗争本领。我们在工作中遇到的斗争是多方面的，改革发展稳定、内政外交国防、治党治国治军都需要发扬斗争精神、提高斗争本领。

敢于斗争见担当，善于斗争显本领。毛泽东曾经自豪地说：“我们中华民族有同自己的敌人血战到底的气概，有在自力更生的基础上光复旧物的决心，有自立于世界民族之林的能力。”任何党员面对大是大非要敢于亮剑，面对矛盾问题要敢于迎难而上，面对危急关头要敢于挺身而出，面对工作失误要敢于承担责任，面对歪风邪气要敢于坚决斗争，在斗争中经受考验、锤炼意志、提高本领。延安时期，面对干部队伍里的“本领恐慌”，毛泽东号召领导干部尤其是高级干部必须加强学习，并且在不妨碍工作与战斗前提下，把学习办成一场运动。全面抗战爆发后，中国共产党面临着前所未有的复杂局势，毛泽东指出，我们必须战胜日本帝国主义，必须建设新中国。而在当时，能力较强的干部缺乏，成为困扰我们党的严重问题。因此，毛泽东提出要加强对干部的各种教育，尤其是整风教育和思想教育，增强党员干部的执政能力和斗争本领。

1965 年 7 月 26 日，毛泽东在中南海接见刚从海外归来的原国民党政府代总统李宗仁先生和夫人时，突然主动向李宗仁的机要秘书程思远发问：“你知道我靠什么吃饭吗?”程一时茫然不知所对。毛泽东接着意味深长地说：“我是靠总结经验吃饭的。以前我们人民解放军打仗，在每个战役后，总来一次总结经验，发扬优点，克服缺点，然后轻装上阵，乘胜前进，从胜利走向胜利，终于建立了中华人民共和国。”在善于总结中提高思想水平，探索发展规律和推动发展，是我们党的优良传统。过硬的本领来源于系统的理论学习和社会主义建设的工作实践，来源于理论的总结和规律的探索。

改革开放之初，邓小平提醒全党要确立新的观念，掌握新的本领。1978 年 12 月 13 日，邓小平在中共中央工作会议闭幕会上作了“解放思想，实事求是，团结一致向前看”的讲话。解放思想是扫除障碍、引领发展的“法宝”，化解矛盾、解决问题是检验解放思想成效的“试金石”。“脑子一固定，就很危险。”我们党正是依靠解放思想，解决迫切的现实问题，努力学习，逐步掌握新的本领，才走出一条有中国特色的社会主义建设道路。

开放论述

增强斗争本领就是增强全党运用马克思主义基本原理解决当代中国实际问题的能力和水平。中国共产党以马克思主义作为指导思想，坚持辩证唯物主义世界观和方法论，实现党的最高理想和奋斗目标必然要求共产党人不断增强斗争本领。中国近代史，就是一部充满灾难、落后挨打的屈辱史，是一部中国人民救亡图存的探索史，是一部中华民族抵抗侵略，奋勇抗争的斗争史。中国共产党领导中国人民，发扬斗争精神，推翻压在人民头上的“三座大山”，赢得民族独立和人民解放，又不断增强斗争本领，领导中国人民进行社会主义革命和社会主义建设，开辟一条中国特色社会主义道路，迈进了中国特色社会主义新时代。可以说，没有斗争精神和斗争本领，就没有中国革命，就没有改革开放和中国特色社会主义的美好今天。

不同的发展阶段需要不同的斗争本领。新民主主义革命时期，着眼于中国革命任务的艰巨性，毛泽东向全党提出了“本领恐慌”问题，唤醒全党对领导中国革命的能力问题的高度重视，并以此为重点提高党的理论水平。改革开放以来，我们党尊重群众的首创精神，在建设马克思主义学习型政党中不断实现自我超越和能力升级。中国特色社会主义进入新时代，坚持党对一切工作的领导是全面建成小康社会、实现中华民族伟大复兴的根本保证。加强党的全面领导必然要求全面增强执政本领，党的十九大对全党提出要增强八大本领，这是对执政本领的系统化认知。

斗争本领不会因高涨的革命热情或者执政者的地位而自然产生，更不是一蹴而就、一劳永逸的，必须持续升级、不断扩容。只有保持对斗争本领不足的忧虑，增强斗争本领的忧患意识才能在伟大斗争中取得胜利。毛泽东同志就告诫党员干部要调查研究，提高解决实际问题的能力，他说，我们的同志不要靠老资格吃饭，要靠解决问题正确吃饭。党的十八大以来，习近平多次强调“提高政治能力”“增强干部队伍适应新时代中国特色社会主义发展要求的能力”。党员领导干部要补强本领上短板、能力上不足，就要在勤于学习中提高能力素质，在勇于探索中提高工作本领，才能避免陷入少知而迷、不知而盲、无知而乱的困境。

增强斗争本领永远在路上。在新时代推进中国特色社会主义伟大事业，面临的风险考验越来越复杂，甚至会遇到难以想象的惊涛骇浪。对于不管来自外部的风险或挑战，还是发生于内部的风险、矛盾和问题，不能怕，怕没用，不能躲，躲也是躲不过去的。党员干部要像习近平总书记要求的那样，提高斗争本领。党员干部除了视野开阔、理论学习充分、知识储备丰富之外，还要通过严格的思想淬炼、政治历练、实践锻炼，把自己打造成为有真本领的斗争战士。学无止境，增强斗争本领也无止境。广大党员干部要不忘初心、继续前进，继续发扬斗争精神，提高斗争本领，带领全国人民群众有效应对重大挑战、抵御重大风险、克服重大阻力、解决重大矛盾，尽全力为开创中华民族的美好新时代贡献自己的力量。

名篇摘录

要增强斗争本领，须练好屈敌的“智剑”。

要增强斗争本领，须练好护身的“仁剑”。

要增强斗争本领，须练好绝杀的“勇剑”。

——摘录自《善修“三达剑”增强斗争本领》，
章勇，人民网—四川频道，2019 年 9 月 6 日

中青年干部要经常三省吾身，深刻认识和努力克服缺少实践经验、实战水平、重大考验和艰苦环境历练不足等问题，自觉给自己争取经风雨、见世面的机会，在本职岗位上勇于担当、履职尽责，面对困难迎难而上，面对矛盾敢于碰硬，面对不良现象敢于亮剑，切实克服软骨病、恐惧症、无能症，努力做敢于斗争、善于斗争的战士，坚决不做爱惜羽毛、明哲保身的“绅士”。

——摘录自《领导干部担当作为必须增强斗争本领》，
赵志敏，《学习时报》，2019 年 9 月 6 日

践行提醒

我们党员领导干部要勇于经风雨、见世面、长才干、壮筋骨，保持斗争精神、增强斗争本领。

一是不断加强理论修养，增强斗争本领。要真学、真懂、真信、真用马克思主义理论，切实在学懂弄通做实上下功夫。要认认真真、原原本本学习马克思列宁主义、毛泽东思想、邓小平理论、“三个代表”重要思想、科学发展观、习近平新时代中国特色社会主义思想。特别是要坚持用习近平新时代中国特色社会主义思想武装头脑、指导实践、推动工作。要通过加强理论武装，不断增强“四个意识”，坚定“四个自信”，做到“两个维护”，始终在思想上政治上行动上与党中央保持高度一致。通过加强理论武装，经受思想淬炼，增强斗争本领，牢固树立共产主义远大理想和中国特色社会主义共同理想，为实现“两个一百年”宏伟目标，实现中华民族伟大复兴的中国梦而奋力拼搏。

二是强化忧患意识，增强斗争本领。无论是自然界还是人类社会，风险无处不在、无时不有。特别是在经济全球化的背景下，“地球村”里的任何国家或地区都不可能成为风险的孤岛，地区的风险乃至国际的风险会迅速地传递到每一个国家或地区。同时，风险的流动性、关联性特征越来越明显。党的十八大以来，习近平多次强调要增强忧患意识、防范风险挑战。在风险面前，只有保持清醒的认识和科学的预判，才能保持定力，做到处变不惊、积极作为，最终化险为夷。相反，面对风险麻木不仁、无动于衷，只会永远处在被风险所威胁的被动状态。所以，党员干部要加强对风险的深入研究，对风险的来源、性质、影响了然于心，这样才能未雨绸缪、防微杜渐，打好防范化解重大风险的主动战。

三是要敢于担当作为，增强斗争本领。习近平指出：“干部就要有担当，有多大担当才能干多大事业，尽多大责任才会有多大成就。”“领导干部要敢于担当，敢于斗争，保持斗争精神，增强斗争本领”。前进道路上不可能没有困难，共产党员就要迎难而上，面对大是大非就要果断亮剑，面对歪风邪气就要挺身而出坚决斗争，要有逢山开路遇水架桥的干劲，而不是推推搡搡，做一天和尚撞一天钟，也不是瞻前顾后，浑浑噩噩做太平官。只有到重大斗争的一线去真刀真枪磨砺，才能把握斗争规律，锤炼斗争勇气，涵养斗争精神，增长斗争本领。

四是强化政治历练，增强斗争本领。习近平指出：“加强政治历练，积累政治经验，自觉把讲政治贯穿于党性锻炼全过程，使自己的政治能力与担任的领导职责相匹配。”政治担当是否过硬，是检验党员干部在政治上是否合格的重要标尺。对党员干部而言，必须不忘初心、牢记使命，以更宽的政治格局、更高的政治智慧、更强的政治担当，坚决贯彻执行党中央的决策部署，坚定不移在为人民谋幸福、为民族谋复兴的新征程中一往无前、矢志奋斗。而不是脱离政治思考问题，不能突破底线思维、风险意识，不能困难面前低头，阻力面前退缩。

五是强化考核标准，增强斗争本领。在2019年1月14日至15日举行的全国组织部长会议上，陈希强调，要把斗争精神、斗争本领作为教育培训的重要内容、考核考察的重要方面、选拔任用的重要依据、管理监督的重要约束。各级党组织要把增强斗争本领纳入到党员干部的考核标准，对于斗争本领的考核、晋升要进行全面考虑，对于斗争本领强、斗争本领提升快的党员干部要予以重用，要发挥他们不在困难面前低头、不在挑战面前退缩，真抓实干、埋头苦干、助力改革、推动发展、化解矛盾、维护稳定的本领，推动中国特色社会主义事业劈波斩浪、行稳致远。反之，对于不思进取，缺乏历练，在矛盾冲突面前缺乏斗争精神，斗争本领不强、畏难的领导干部，对于只是文凭显赫抢眼，而实际工作能力不足，只追求进机关住城市图舒适，不安心在基层工作，心浮气躁、急功近利，经不起一点挫折和逆境，耐不住性子在一个岗位多干几年，缺乏基层工作实践的艰苦磨炼的党员干部，我们要严格用考核标准来要求他们，促使领导干部保持共产党人的风骨、气节、操守、胆魄。

12　要做敢于斗争、善于斗争的战士

重要背景

2019 年 9 月 3 日，习近平在中央党校（国家行政学院）中青年干部培训班开班式上发表重要讲话强调，领导干部不论在哪个岗位、担任什么职务，都要勇于担当、攻坚克难，既当指挥员、又当战斗员，培养和保持顽强的斗争精神、坚韧的斗争意志、高超的斗争本领。领导干部要做敢于斗争、善于斗争的战士。

“为有牺牲多壮志，敢教日月换新天。”以毛泽东同志为主要代表的中国共产党人，永远是我们敢于斗争、善于斗争的光辉榜样。他们从井冈山出发，经过延安，到西柏坡，再到天安门，经过长期的反对帝国主义、封建主义、官僚资本主义的革命斗争，打碎了一个旧世界，创建了一个新世界，最终建立了中华人民共和国。

1945 年 8 月 28 日，毛泽东毅然从延安飞往重庆，应蒋介石之邀参加和平谈判。毛泽东明明知道这等于赴“鸿门宴”，明明知道重庆军警遍地，特务横行，但他还是毅然去了。因为他知道他有全国人民的支持，有解放区强大的后盾，有雄心、有气魄、有胆量、有正气也有智谋，才敢于闯龙潭、入虎穴，争取主动权。

在 20 世纪 60 年代前后，毛泽东多次说，敌人越凶越不要怕它，但具体到每个斗争的方法上就不同了，就要重视它。毛泽东说的这些话，表明他具有伟大的气魄和胆略，同时也代表了老一辈革命家那种举世无敌的敢于斗争、善于斗争的英雄气概。

在 1975 年整顿工作中，邓小平要求各级领导干部敢于负责、敢于斗争、敢字当头。6 月 24 日，在中央军委扩大会议上，邓小平说：“我建议首先自上而下地调整好各级领导班子。领导班子要有威信，敢字当头，能很好地执行党的方针政策，能很好地工作。”9月27日，邓小平在全国农村工作座谈会上说：“现在问题相当多，要解决，没有一股劲不行。要敢字当头，横下一条心。这半年来，我讲了多次话，中心是讲敢字当头。”中国的改革开放如同一张白纸，一切都是新的，没有成功的经验可以借鉴。邓小平在改革开放前沿城市深圳考察时明确指出：“改革开放胆子要大一些，敢于试验，不能像小脚女人一样。看准了的，就大胆地试，大胆地闯。”“走不出一条新路，就干不出新的事业。”

开放论述

敢于斗争，善于斗争是指党员干部在严峻形势和斗争任务面前，骨头要硬，要敢于出击，敢战能胜。敢于斗争，善于斗争，既是我们自强不息民族精神最重要的内核和最直观的体现，更是中国共产党人鲜明的政治品格和英勇无畏的英雄气概。毛泽东曾经指出：“我们中华民族有同自己的敌人血战到底的气概，有在自力更生的基础上光复旧物的决心，有自立于世界民族之林的能力。”正是有了不畏强暴、敢于斗争的精神，无论是在血雨腥风的战争时期，还是在激情燃烧的建设和改革时期，千千万万的中国共产党人才能以国家民族利益为重、以人民幸福安康为念，顽强拼搏、勇敢战斗，历经磨难探索寻找到今日阔步前行的民族复兴之路。这一政治品格和英雄气概是我们党弥足珍贵的精神财富和强大精神动力。每一位中国共产党人，都有责任有义务把这一精神财富传承好、发扬好，做敢于斗争，善于斗争的战士。

敢于斗争，是斗争精神最直接的表现，是党员干部必备的基本素质，体现出强烈的斗争精神，不怕困难，不惧风险，敢啃硬骨头，认真负责，迎难而上。面对矛盾和问题胆怯退缩，则谈不上斗争精神。实际工作中，有的党员干部“遇到问题绕着走，碰到矛盾躲着走，看见难点低头走”，一心想当“太平官”，这样的想法看似“聪明”“利己”，实则自欺欺人、害人害己。党员干部面对矛盾和问题，要按照习近平要求，“在改革发展稳定工作中敢于碰硬，在全面从严治党上敢于动硬，在维护国家核心利益上敢于针锋相对，不在困难面前低头，不在挑战面前退缩”，要想方设法啃“硬骨头”，敢于斗争，将斗争精神锤炼得更加坚强。

善于斗争，是斗争精神的内在要求，是党员干部能力的重要组成，是斗争精神的重要保障。面对矛盾和问题，党员干部仅仅勇往直前敢于斗争是不够的，还要根据矛盾和问题的具体实际，始终坚持党的原则第一、党的事业第一、人民利益第一，要遵法纪、讲原则、持正义、守底线，无论内事外事，都不能拿原则做交易。面对利诱，不丢立场、不失原则；面对威胁，坚守阵地、不闯红线、不触底线。领导干部要学懂弄通做实党的创新理论，夯实善于斗争的思想根基，主动投身到各种斗争中去，方能在各种重大斗争考验中做到守土有责、守土尽责，召之即来、来之能战、战之必胜。

世界发展永无止境，矛盾和问题永无止境，解决问题和矛盾的斗争实践也永无止境。当今之世界正处于百年未有之大变局，如今之中国更是外有复杂的形势忧患，内有转型过渡期的阵痛。面对国内外艰难的困境，坚持伟大斗争是我们实现中华民族伟大复兴的唯一出路。全党上下只有敢于斗争，善于斗争，才能在艰难形势中进退自如，才能破解我国发展难题。正如习近平所指出的，社会是在矛盾运动中前进的，有矛盾就会有斗争。领导干部不论在哪个岗位、担任什么职务，都要勇于担当、攻坚克难，既当指挥员、又当战斗员，培养和保持顽强的斗争精神、坚韧的斗争意志、高超的斗争本领，做敢于斗争、善于斗争的战士。

名篇摘录

善于放下才能敢于斗争，敢于斗争要善于放下。放下什么呢？对中青年干部来讲，就是要放下自我，放下小我，融入大我，在我将无我的斗争境界中成就那个“我”。这样的中青年干部才能担大事，这样的中青年干部才应大有前途。

——摘录自《中青年干部敢于斗争要善于“放下”自我》，

许宝健，《学习时报》，2019 年 9 月 6 日

“知之愈明，则行之愈笃。”进入新时代，面对具有许多新的历史特点的伟大斗争，从规律的高度看待斗争，就不会陷于盲目的斗争；从斗争的高度看待规律，更能坚定自信。要善于运用哲学思维，客观认识和把握新的历史时期社会矛盾运动规律，坚持斗争、敢于斗争、善于斗争。

——摘录自《增强斗争本领　牢牢掌握斗争主动权》，
陈浙闽，《党建》杂志，2019 年第 4 期

践行提醒

不管在过去、现在，还是在未来，我们领导干部都要做敢于斗争、善于斗争的战士。

一要把准斗争方向。习近平强调，共产党人的斗争是有方向、有立场、有原则的，大方向就是坚持中国共产党领导和我国社会主义制度不动摇。中国共产党的领导是中国特色社会主义最本质的特征，中国共产党的领导，是历史的选择，人民的选择。中国特色社会主义不断取得的重大成就，意味着近代以来久经磨难的中华民族迎来了从站起来、富起来到强起来的历史性飞跃，这些伟大成就的取得，离不开中国共产党的坚强领导。中国特色社会主义制度，是中国共产党人和中国人民的伟大创造，是马克思主义基本原理与中国建设、改革具体实际相结合的产物。这一制度切合中国的发展实际，具有鲜明的中国特色，符合历史发展规律，符合中国最广大人民的根本利益，因而具有强大的生命力。事实证明，中国选择社会主义制度，实现向人民民主制度的伟大跨越，为当代中国一切发展进步奠定了根本政治前提和制度基础。正因如此，凡是危害中国共产党领导和我国社会主义制度的各种风险挑战，我们就必须进行坚决斗争，而且必须取得斗争胜利。

二要保持斗争意志。有志者事竟成。只要有斗志，无论身处什么样的境况、面对什么样的困难、受到什么样的压力，都能够昂扬向上、奋发向前；而如果没有或者丧失了坚强的斗志，自然就不会有顽强的斗争，更不会有真正的成功和胜利。党员干部要始终保持自身坚强斗志，不忘初心、

牢记使命，始终以优秀共产党人为榜样，敢于亮剑、敢于担当、敢于经风雨见世面，决不让斗志随着时间消解而丧失，以永不懈怠的精神状态和一往无前的奋斗姿态面对改革发展稳定各项工作。

三要敢于动真碰硬。敢于动真碰硬是对党员领导干部的必然要求，如果做不到这一点，就不能算作合格的党员干部。党员干部一定要拿出“逢山开路、遇河架桥、攻城拔寨”的精神，攻坚克难、动真碰硬、勇往直前，奋力推动各项事业实现新跨越，谱写新篇章。动真碰硬，就是敢于面对困难。遇到困难绕道走，碰到矛盾就缩手，面对问题当推手，这种推诿扯皮，表面上看是慢作为、不作为，实质上是逃避责任、无能之举。党员干部要在其位，谋其政，负其责，不怕面对问题，潜心解决问题，少说不行的理由，多想能行的办法，脚踏实地，不推、不挡，实干、快干，迎难而上，一抓到底，作出实绩。动真碰硬，要敢于向困难亮剑。困难矛盾之处、急难险重之事，最是考验干部作风、能力的试金石。党员干部要具备舍我其谁的责任感、使命感，亮出干事创业的“精气神”。要“勇”字当头，遇“敌”亮剑，敢闯敢拼，在攻坚克难中展现作为。

四要坚定斗争信心。坚定斗争信心是发扬斗争精神的必然要求。只有坚定斗争信心，才能知难不惧、刚强不屈、坚韧不拔、锲而不舍。中国革命的胜利、社会主义建设的推进、改革开放的成就都是靠斗争拼出来、干出来的。当前，世界面临百年未有之大变局，国内外形势日趋复杂，实现中华民族伟大复兴还会遇到各种可以预见与难以预见的风险和挑战。面对各种风险和挑战，我们尤其要坚定斗争信心，通过伟大斗争不断夺取新时代中国特色社会主义新胜利。而现实中确实有个别干部“怕”字当头，决心不够、信心不足，或迷茫困惑，缺乏甚至丧失了斗争精神。领导干部绝不能有这样的精神状态。我们党丰富的斗争经验告诉我们，面对前进道路中的重大风险，一定要有必胜的决心和信心，才能与其顽强斗争并最终夺取胜利。

五要提高斗争艺术。敢于斗争、善于斗争，绝不是逞强好胜、争勇斗狠，也不是盲目冲动、不讲变通，而是在坚持原则、坚定立场的基础上因时因势采取最为有效的行动，以达成既定的目标使命。斗争是一门艺术，既要敢于斗争，又要善于斗争，要讲究方法、策略和艺术。领导干部既要有兵来将挡、水来土掩、见招拆招的硬功夫，又要有四两拨千斤、借力发力、借势谋势的软办法。只有提高斗争艺术，始终坚持敢于斗争和善于斗争有机统一，才能更好推动党和人民事业发展。

13 要讲求斗争艺术

重要背景

2019年9月3日，习近平在中央党校（国家行政学院）中青年干部培训班开班式上发表重要讲话强调，斗争是一门艺术，要善于斗争。在各种重大斗争中，我们要坚持增强忧患意识和保持战略定力相统一、坚持战略判断和战术决断相统一、坚持斗争过程和斗争实效相统一。领导干部要守土有责、守土尽责，召之即来、来之能战、战之必胜。他还强调，要注重策略方法，讲求斗争艺术。要抓主要矛盾、抓矛盾的主要方面，坚持有理有利有节，合理选择斗争方式、把握斗争火候，在原则问题上寸步不让，在策略问题上灵活机动。要根据形势需要，把握时、度、效，及时调整斗争策略。要团结一切可以团结的力量，调动一切积极因素，在斗争中争取团结，在斗争中谋求合作，在斗争中争取共赢。

毛泽东在军事斗争艺术上达到了炉火纯青的地步，他指挥战场决战有一个最显著的特点，就是他从不惧怕比自己强大的敌人，打仗时不按规矩出牌。在井冈山斗争时期，他就总结出“你打你的，我打我的”，“敌进我退、敌驻我扰、敌疲我打、敌退我追”等原则，主张大迂回、大穿插（这就实现了以少量我军对大部队敌军进行大包围），集中优势兵力歼灭敌人，坚决要求打歼灭战而不是击溃战，所谓“伤敌十指不如断其一指”，在他的亲自指挥和影响下，红军取得了第一到第四次反“围剿”的胜利。在三大战役中的辽沈战役，他一开始就提出让林彪率大部队离开后方，长途奔袭锦州，终于形成“关门打狗”之势，使东北数十万蒋军土崩瓦解，而后很容易地就解放了长春、沈阳。毛泽东打锦州的妙棋，不仅蒋介石想不到，连东北我军统帅林彪开始也想不通，但毛泽东却出奇制胜了。后来在华南，毛泽东又用大迂回、大包围战术，直接指挥陈赓兵团及四野部队在广西歼灭了白崇禧部队，没有使其逃往海南岛，避免了“第二个台湾”的局面。

开放论述

斗争艺术指的是要掌握斗争规律、运用斗争方法、讲究斗争策略。

掌握斗争规律。现实中，遇到重大问题矛盾，一些党员干部之所以表现出软骨症、恐惧症和无能症，最大的缘由就是对斗争规律不熟，对潜在的风险、困难、表现形式和发展趋势不会做科学预测和判断，就会导致徘徊迷惘，畏缩不前。所以，党员干部一定要把握斗争规律，要善用战略思维、历史思维、辩证思维、创新思维、法治思维、底线思维，科学预见形势发展，准确把握机遇挑战，透过表面现象看清事物发展的内在本质，敢涉“深水区”，啃下“硬骨头”，牢牢掌握斗争主动权，担当作为、迎难而上、化危为机。

运用斗争方法。只有将斗争方法的合理性、时效性与实际困难紧密结合起来，遇到问题要分析透彻问题背后的原因本质，遇到矛盾要抓住主要矛盾和矛盾的主要方面，才能不断提高斗争的识别力、分辨力和执行力。在斗争中，讲究战略，“放下架子”，根据具体形势灵活机智应对；在斗争中，注重战术，“做出样子”；在斗争中，保持团结，凝聚最大共识度。

讲究斗争策略。发扬斗争精神绝不是逞强好胜、好勇斗狠，也不是盲目冲动、不讲变通，而是在坚持原则、坚定立场的基础上因时因势采取最为有效的行动，以达成既定的目标使命。领导干部既要有兵来将挡、水来土掩、见招拆招的硬功夫，又要有四两拨千斤、借力发力、借势谋势的软办法。只有提高斗争策略，始终坚持敢于斗争和善于斗争有机统一，才能更好推动党和人民事业发展。

马克思主义的产生和发展，社会主义国家的诞生和发展，改革开放的成功，推进新时代中国特色社会主义事业，都充满斗争的艰辛，都是斗争的结果。当今，统筹推进“四个伟大”，胜利实现我们党确定的目标任务，必须发扬斗争精神，增强斗争本领。未来，战胜前进道路上的各种风险考验，实现伟大梦想，必须进行伟大斗争。要取得斗争胜利，我们不能盲目地乱斗一气，而是有方向、有立场、有原则地斗争，要掌握斗争规律、运用斗争方法、讲究斗争策略地斗争，要战而胜之。

名篇摘录

斗争是有章法的，不是逞强好胜、争勇斗狠，而是要注重策略方法，讲求斗争艺术。抓主要矛盾、抓矛盾的主要方面是斗争的重要方法。斗争要坚持有理有利有节，合理选择斗争方式、把握斗争火候，在原则问题上寸步不让，在策略问题上灵活机动。要根据形势需要，把握时、度、效，及时调整斗争策略。要团结一切可以团结的力量，调动一切积极因素，在斗争中争取团结，在斗争中谋求合作，在斗争中争取共赢。要坚持走群众路线，使人民群众在斗争中辨是非、明方向，不断夯实党执政的阶级基础和群众基础。

——摘录自《学习斗争规律　讲求斗争方法》，

本报评论员，《人民日报》，2019 年 9 月 6 日

斗争是一种勇气，也是一门艺术。规律、策略和方法，是完成任务的“桥”和“船”。做到善于斗争、敢于胜利，不仅要有斗争精神、斗争意志，还要有游刃有余的斗争策略、灵活机动的方式方法。“有勇无谋，大事难成。”仅有斗争意志而不懂斗争规律、不讲斗争艺术，那是匹夫之勇，一上场就会败下阵来。开展斗争如果不循章法、盲目蛮干，把策略方法抛在一边，一把好牌也会打成烂牌。

——摘录自《掌握斗争规律　注重策略方法》，

本报评论员，《解放军报》，2019 年 9 月 5 日

践行提醒

我们党员干部要发扬斗争精神，敢于斗争，不断增强斗争本领，还要

注重斗争策略方法，讲求斗争艺术。

一要把准斗争方向。斗争是一门艺术，尤其是年轻干部既要敢于斗争，又要善于斗争。要把准斗争方向，切不能胡乱瞎斗，要增强“四个意识”，坚定“四个自信”，做到“两个维护”，只要与之相悖的，都必须旗帜鲜明地进行斗争；要把斗争的矛头直指问题症结，掌握草摇叶响知鹿过、松风一起知虎来、一叶易色而知天下秋的见微知著能力；要牢固树立底线思维，注重侧面借势借力，创新斗争的思维、方式、载体，真正斗争到点子上、关键处，练就斗争本领，真正敢啃硬骨头、涉险滩，激发推动全面深化改革的活力动力。当今世界正处于百年未有之大变局，我们党领导的伟大斗争、伟大工程、伟大事业、伟大梦想正在如火如荼进行，改革发展任务艰巨繁重，作为新时代的青年干部，面临着一系列重大风险考验和历史机遇，党员干部必须发扬斗争精神，牢牢把握正确的斗争方向，在历史中汲取智慧、凝聚力量，激发顽强意志，做到在重大斗争考验面前“不畏浮云遮望眼”“乱云飞渡仍从容”。

二要锤炼斗争本领。斗争艺术不是一日练成的技术活，而是由量变不断积累后形成的质变。因此，党员干部须脚踏实地投入到实践工作中去打磨、认认真真参与到为民服务中去锤炼，尤其要敢于承担急难险重的担子、甘于坐得住冰冷的板凳、善于思考解决问题的路径。同时，党员干部要坚持抓学习，充盈头脑、“补钙强体”、培本固元，一方面锻造出能干、善干、巧干的“钢铁筋骨”；另一方面淬炼出有思想、有方法、有理念的“最强大脑”。要从党史、新中国史中汲取斗争知识，从英雄模范的先进事迹中感悟斗争胆魄，从基层和群众身上学习斗争智慧。要坚持练慧眼，提高战略思维、辩证思维能力，观大势、抓重点、找规律，做到见微知著、一叶知秋。要坚持强历练，走出“舒适区”，主动投身复杂严峻的重大斗争，在实践中增长胆识、磨砺意志、锤炼本领。

三要遵循斗争规律。党员干部不忘初心、担当使命，有激情、有干劲、有热情，既有“初生牛犊不怕虎”的刚毅坚挺，又有“明知山有虎，偏向虎山行”的百折不屈。俗话说，“劈柴不照纹，累死劈柴人”。干事创业、造福群众、解决问题，往往需要遵守客观规律、按照事物逻辑、把握运转方向，做到精准施策、有的放矢、靶向发力，才能起到举一反三、事半功倍、势如破竹的效果。相反，假使不顾客观事物的条件和规律，光有一股蛮力和一对肝胆，缺乏睿智和思维、缺少规划和打算、缺失慧眼和情商，只会蒙头蛮干、闭眼冲前，就难免碰壁撞墙、“钻牛角尖”，甚至头破血流、“搬起石头砸自己的脚”“赔了夫人又折兵”。要知道，面对纷繁复杂的麻烦和千丝万缕的矛盾，就像一团乱麻和线绳，越是想“快刀斩乱麻”，火急火燎、拍脑袋上，常越干越乱、丢失方寸、影响全局。

四要发扬优良传统、开拓创新。在战争年代，我们的革命先辈们在敌我力量对比巨大悬殊的基础上，逐步形成农村包围城市、武装夺取政权的革命道路，逐步形成十六字方针的游击战术，完成诸多以少胜多、以弱胜强的军事战役，依靠独立自主、群众路线、批评和自我批评的精神品质，赢得了国家的独立和人民的解放。在这一过程中，中国共产党和中国人民依靠自己的智慧和力量，形成了属于自己的独特的斗争艺术。在和平年代，我们搞经济、谋发展，在中国经济实现高速飞跃的同时，更是为世界经济的可持续发展做出了巨大贡献，这也是中国改革开放过程中运用斗争艺术进行伟大斗争的胜利。越是伟大的事业，往往越是充满艰难险阻，越是需要开拓创新。今天，我们已经进入中国特色社会主义新时代，进入新的伟大斗争新阶段，在前进道路上，我们将进行许多具有新的历史特点的伟大斗争。我们要在继承中国共产党斗争艺术优良传统的基础上开拓创新，不断用发展着的马克思主义指导新的实践，解决新的矛盾和问题，更充分地发挥斗争的艺术，去赢得新的伟大胜利。

14　领导干部要召之即来、来之能战、战之必胜

重要背景

2019年9月3日，习近平在中央党校（国家行政学院）中青年干部培训班开班式上发表重要讲话强调，在各种重大斗争中，我们要坚持增强忧患意识和保持战略定力相统一、坚持战略判断和战术决断相统一、坚持斗争过程和斗争实效相统一。领导干部要守土有责、守土尽责，召之即来、来之能战、战之必胜。

毛泽东要求干部投身实践，增长才干，更好地胜任干部的岗位。毛泽东指出："无产阶级革命事业的接班人，是在群众斗争中产生的，是在革命大风大浪的锻炼中成长的。应当在长期的群众斗争中，考察和识别干部，挑选和培养接班人。"他认为："干部通过参加集体生产劳动，同劳动人民保持最广泛的、经常的、密切的联系。这是社会主义制度下一件带有根本性的大事。"他反对干部脱离群众，脱离实际，高高在上，做官当老爷。他还指出，我们的干部，不论职位高低，都是人民的勤务员，都必须全心全意为人民服务。同时，毛泽东也非常重视干部的理论学习和培训。在延安时期那样艰苦的条件下，党就创立了延安抗日军政大学、中共中央党校和马列学院等培训干部的学校，毛泽东的《矛盾论》《实践论》《新民主主义论》，刘少奇的《论共产党员的修养》等，都是在这些学校所作的著名演讲。中华人民共和国成立以后，省、地、县各级党委普遍建立了党校，干部的学习培训形成制度，这是我们党培养干部的一大特色。50年代后期到60年代初期，毛泽东提出："为了保证我们的党和国家不改变颜色，我们不仅需要正确的路线和政策，而且需要培养和造就千百万无产阶

级革命事业的接班人。”

邓小平对领导干部的要求则是：“我们今后配备领导班子的时候，要选用什么人呢？要选那些认真学习马列主义、毛泽东思想，在斗争中经得起考验的人；要选那些党性强、能团结人、不信邪的人；要选那些艰苦朴素、实事求是、说老实话、办老实事、做老实人，作风正派的人；要选那些努力工作，联系群众，关心群众疾苦，有魄力，有实际经验，能够办事的人。”“我们要按照专业组织整个领导班子，充分发挥专业人才的作用，并且领导广大群众，按照专业的要求去学习和工作。”“中国要出问题，还是出在共产党内部。对这个问题要清醒，要注意培养人，要按照‘革命化、年轻化、知识化、专业化’的标准，选拔德才兼备的人进班子。我们说党的基本路线要管一百年，要长治久安，就要靠这一条。真正关系到大局的是这个事。”可见，领导干部作为我们党重要的领导力量，是保持我们党青春活力、长久不衰的后备军。

开放论述

领导干部要召之即来、来之能战、战之必胜。

召之即来，指的是领导干部要对党忠诚，要有坚定的政治立场，服从党的领导，听党指挥。这就是说，领导干部要牢固树立政治意识、大局意识、核心意识、看齐意识，在思想上、政治上、行动上同党中央保持高度一致，在事关方向、事关原则的重大问题上立场坚定，在大是大非面前和关键时刻旗帜鲜明，在贯彻执行各级的决策部署时不犹豫、不徘徊，不观望、不等待，必须态度坚决、行动迅速、措施有力、步调一致。对上级的决策指示坚决响应，安排的工作、交办的事情，不讲价钱、不打折扣、不搞变通，坚决照办。对上级明令禁止的坚决杜绝，任何时候任何情况下都不打“擦边球”。说一套做一套、表面一套背后一套、台上一套台下一套的“两面人”是要不得的，表里不一、心口不一、阳奉阴违，亵渎组织威信，伤害群众感情，污染政治生态更是行不通的。

来之能战，指的是领导干部能力过硬，敢于担当。没有金刚钻别揽瓷器活，有能力有担当才能干大事。党员干部要有干事创业真本领，精通本职工作，每一项工作，都要做到有思路、有措施、有保障、能落实。要勤于学、敏于思，以学益智，以学修身，以学增才。要努力学习各方面知识，努力在实践中增加才干，加快知识更新，优化知识结构，拓宽眼界和视野。要增强学习本领、增强政治领导本领、增强改革创新本领、增强科学发展本领、增强依法执政本领，增强群众工作本领，增强狠抓落实本领和增强驾驭风险本领，做实做细做好各项工作。

战之必胜，指的是领导干部要毫不懈怠，扎实做事，讲求实绩，奋发有为。党员干部要少说空话，多谋大事，多干实事，真正做到想干、肯干、敢干、会干，把精力集中到谋发展上来，敢于动真碰硬，敢于攻坚克难，一步先行、步步主动，一步一个脚印，干成每一件事，扎扎实实把各项工作落到实处。面临挫折和挑战，党员干部要有“事不避难，敢于担当，奋勇向前”的气魄。不回避、不退缩、不推诿、不失职，坚忍不拔，自强不息，拿出强烈的事业心和责任感，在攻坚面前不退步，在困难面前勇破解，增强工作的主动性和创造性。党员干部还要始终坚持把廉洁自律作为一种价值取向来追求，牢固树立正确的世界观、人生观、价值观、权利观。要做到常怀律己之心，弘扬廉政之气，坚守自身道德防线，堂堂正正做人，清清白白做事，永葆自身政治本色。这是党员干部做到战之能胜的重要保障。

在中华民族伟大复兴的道路上必然会产生新的矛盾、遇到新的挑战。从国内形势发展来说，从十九大到二十大，是“两个一百年”奋斗目标的历史交汇期。我们既要全面建成小康社会、实现第一个百年奋斗目标，又要乘势而上开启全面建设社会主义现代化国家新征程，向第二个百年奋斗目标进军。从国际环境看，世界霸权主义和强权政治依然存在，各种传统和非传统安全威胁不断涌现，单边主义、贸易保护主义、逆全球化思潮不断有新的表现，文明冲突、文明优越论调不时沉渣泛起，等等。不难看出，我们在前进的道路上不可能一帆风顺，这就要求党员干部能做到召之即来、来之能战、战之必胜。凡是危害中国共产党领导和我国社会主义制度的各种风险挑战，凡是危害我国主权、安全、发展利益的各种风险挑战，凡是危害我国核心利益和重大原则的各种风险挑战，凡是危害我国人民根本利益的各种风险挑战，凡是危害我国实现“两个一百年”奋斗目标、实现中华民族伟大复兴的各种风险挑战，只要来了，我们就必须进行坚决斗争，而且必须取得斗争胜利。

名篇摘录

天下虽安，忘战必危。做到召之即来、来之能战、战之必胜，必须紧紧扭住能打仗、打胜仗这个强军之要，不断强化当兵打仗、带兵打仗、练兵打仗思想，牢固树立战斗力这个唯一的根本的标准，坚持一切建设和工作向能打胜仗聚焦；必须着力提高军事训练实战化水平，坚决贯彻战训一致原则，练就过硬的打赢本领；必须加强战斗精神培育，发扬大无畏的英雄气概和英勇顽强的战斗作风，始终保持旺盛革命热情和高昂战斗意志，切实肩负起党和人民赋予的神圣使命。

——摘录自《做到召之即来来之能战战之必胜——四谈学习贯彻习主席系列讲话精神》，本报评论员，《解放军报》，2013 年 12 月 20 日

所谓领导，就是想在前、做在前，带领众人发展前进。所谓干部，就是干字当头、身先士卒。大量实践表明，领导干部的威望不是靠位置、权力建立起来的，而是靠担当作为建立起来的。领导干部的成长成熟不是天然固有的，而是在担当作为中催化出来的。处在领导岗位上的人，和一般人相比需要有更加优秀的政治品质、更加优良的工作作风、更加优异的能力素质，唯此才能够承担起领导的重任。因此，对于领导干部而言，担当是这个职位角色本身最基本的品格。

——摘录自《做新时代有担当有作为的好干部》，储霞，《党建文汇》，2019 年 9 月 6 日

践行提醒

我们广大领导干部要做到守土有责、守土尽责，召之即来、来之能战、战之必胜。

一要始终对党忠诚。忠诚是党员干部必须具备的优秀品格，是每个党员入党宣誓时的庄严承诺。党的十九大报告指出：“把对党忠诚、为党分忧、为党尽职、为民造福作为根本政治担当。”对党忠诚，首先是不忘初心。大事难事看担当，顺境逆境看襟怀。检验一名党员干部对党忠诚是否纯粹，不仅看其身处顺境时的所作所为，更要看其身处逆境时能否坚守信仰、不忘初心，能否做到始终相信党、忠于党、服从党。对党忠诚，要讲政治，大是大非面前能否站稳立场。党的十八大以来，习近平多次强调要增强党员干部的政治定力，明确指出党员领导干部要坚守政治定力，做到政治信仰不变色、政治立场不动摇、政治方向不偏移。党员干部在大是大非面前不能态度暧昧，不能动摇基本政治立场，不能被错误言论所左右。对党忠诚要能挺身而出，敢担当。党员干部在关键时刻能否站得出来、危急关头能否豁得出来，直接检验对党是否绝对忠诚。

二要始终保持干净。“干净”是衡量党员干部政德水准的一把尺子，体现党员干部作风的一面镜子。党员干部如果自身不干净，在干部群众中就会没有威信，腰杆就硬不起来，党的事业根基就不能扎稳。因此，党员干部应该自我净化，“干净”做人、“干净”做官、“干净”做事。干干净净做人，是做人要求，人之基准，也是立身之本，更是为官的底线。党员干部要算清账、清白做人、干净做事、坦荡为官，自觉成为人民群众的主心骨、带头人，成为党事业的攻坚手，克己慎行，思想纯正，品行端正，为人公正，时刻自重、自省、自警，警钟长鸣，防微杜渐。活得“干净”，才能永保灵魂深处的纯洁与自由。

三要始终敢于担当。敢担当有作为，是党和人民对新时代党员干部的基本要求和殷切期盼。一个人，有担当精神，有担当意识，之后才能有所作为，才能大有作为，才能把作为变成实实在在的担当。习近平指出：“党员干部要有担当，有多大担当才能干多大事业，尽多大责任才会有多大成就。”党的十九大报告指出，中华民族伟大复兴，绝不是轻轻松松、敲锣打鼓就能实现的。全党必须准备付出更为艰巨、更为艰苦的努力。这就要求全体党员干部敢担当有作为。这种担当作为，不是顺风顺水时，做点顺水推舟的事情，而是日常工作要时刻不忘肩负岗位职责，能尽责、敢担责，勇挑重任；在矛盾和问题面前敢抓敢管、敢于碰硬；面对重大原则问题立场坚定、旗帜鲜明；面对改革发展问题迎难而上、攻坚克难；面对急难险重任务豁得出来、顶得上去；面对各种歪风邪气要敢于较真、敢抓敢管。对一些党员干部不敢担当不作为，党中央态度鲜明：为勇于担当者担当——只要是为了党和人民的利益，而不是为了个人私利，允许试错；而推诿扯皮敷衍塞责、事不关己高高挂起者，贻误事业发展，就要问责。

四要始终做到能战。能战即党员干部敢于打硬仗。要打硬仗，必须全心全意为人民服务。党员干部要常怀爱民之心，常怀报民之志，倾情造福群众，敢于同困难作斗争，在困苦面前不胆怯、不退缩，做到吃苦在先，享受在后，始终把人民的意愿作为自己的行动准则，造福人民。要打硬仗，必须真抓实干。空谈误国，实干兴邦。党员干部要把乐于吃苦和勤于实践相结合，雷厉风行，立足岗位，真抓实干，干一行钻一行，干一行爱一行，干一行精一行，成为本职业务的行家里手，成为实际工作的操作能手，使自己的能力在艰苦环境中得到提升，使自己的人生价值在吃苦中得以体现。要打硬仗，必须把功夫下在狠抓落实上。在工作中不要墨守成规，敢于面对矛盾，敢于大胆地试、大胆地闯，做到一个时期一个重点，一个阶段一个目标，把党的路线方针政策落实到一个个具体的工作中去。

五要始终确保战必胜。战必胜即要打胜仗。随着日新月异的信息时代的发展，出现了很多新情况新问题，要打胜仗，就必须着力增强适应新时代发展要求的本领能力，不断提升驾驭风险本领。既要有对共产主义最终奋斗目标的整体把握，更要有对社会发展不同时期的合理定位；只有同时在把握好最终目标和时代特点的基础上我们才不会迷茫，才能更具智慧，更加有效地干好工作。要打胜仗，就要把精力放在创新发展上，在自己的本职岗位上要敢于创新、勇于创新，走出开创发展的新路。要加强学习，扩大学习范围，吸收各方面的营养，将知识融会贯通，不因循守旧，善于举一反三，以广阔的视野和活跃的思维创造性地开展工作，努力提升自己的创新实践能力。要打胜仗，就要有战胜困难的智慧和谋略。既要有干事的原则，要善谋全局，要善于权衡利弊，要多干群众急需的、受益的、夯实基础的事，也要有干事的艺术，要不断提高引领改革和发展的能力，要集思广益、群策群力、依靠集体智慧，精谋善断，做好工作，脚踏实地，一步一个脚印，做到干一件事成一件事。

15　面对大是大非敢于亮剑

重要背景

2013 年 6 月 28 日至 29 日，习近平在全国组织工作会议上的讲话中提出，敢于担当，党的干部必须坚持原则、认真负责，面对大是大非敢于亮剑，面对矛盾敢于迎难而上，面对危机敢于挺身而出，面对失误敢于承担责任，面对歪风邪气敢于坚决斗争。清正廉洁，党的干部必须敬畏权力、管好权力、慎用权力，守住自己的政治生命，保持拒腐蚀、永不沾的政治本色。之后，习近平多次强调面对大是大非敢于亮剑。

2018 年 8 月 21 日至 22 日，习近平在全国宣传思想工作会议上的讲话中强调，建设具有强大凝聚力和引领力的社会主义意识形态，是全党特别是宣传思想战线必须担负起的一个战略任务。要做好做强马克思主义宣传教育工作，特别是要在学懂弄通做实新时代中国特色社会主义思想上下功夫。要把坚定“四个自信”作为建设社会主义意识形态的关键，坚持马克思主义在我国哲学社会科学领域的指导地位，建设具有中国特色、中国风格、中国气派的哲学社会科学。要把握正确舆论导向，提高新闻舆论传播力、引导力、影响力、公信力，巩固壮大主流思想舆论。要加强传播手段和话语方式创新，让党的创新理论“飞入寻常百姓家”。要扎实抓好县级融媒体中心建设，更好引导群众、服务群众。要旗帜鲜明坚持真理，立场坚定批驳谬误。要压实压紧各级党委（党组）责任，做到任务落实不马虎、阵地管理不懈怠、责任追究不含糊。

2019 年 9 月 3 日，习近平在秋季学期中央党校（国家行政学院）中青年干部培训班开班式上发表重要讲话强调，领导干部要主动投身到各种斗争中去，在大是大非面前敢于亮剑，在矛盾冲突面前敢于迎难而上，在危机困难面前敢于挺身而出，在歪风邪气面前敢于坚决斗争。

开放论述

大是大非问题，是事关国家、政党、社会发展根本方向和前途命运的带有原则性、根本性、全局性、战略性、长远性的重大是非对错的问题。在当代中国，根本的大是大非问题是什么？概括地讲，就是在中国共产党的领导下，坚持和发展中国特色社会主义。

旗帜决定方向，道路决定命运，路线决定成败。旗帜、道路、路线问题是关系党和人民事业兴衰成败的根本性问题。在我们要举什么旗、走什么路、坚持什么路线的问题上，历史和实践已经给出了答案，这就是高举中国特色社会主义伟大旗帜，坚定不移走中国特色社会主义道路，全面贯彻执行党的基本路线。中国特色社会主义是植根于中国大地、反映中国人民意愿、适应中国和时代发展进步要求的科学社会主义。中国特色社会主义道路、中国特色社会主义理论体系、中国特色社会主义制度，是党和人民长期奋斗、创造、积累的根本成就。党在社会主义初级阶段的基本路线，是党和国家的生命线、人民的幸福线。

党中央高度重视这一问题并作出了许多重要论断。习近平指出："我们的方向就是中国特色社会主义道路，而不是其他什么道路"；"不论怎么改革、怎么开放，我们都始终要坚持中国特色社会主义道路、中国特色社会主义理论体系、中国特色社会主义制度"。这两段论述阐明了中国往哪里走、走什么路的问题。他还指出："我们推进改革开放的目的是坚持和发展中国特色社会主义，而不是要搞其他什么主义"；"中国特色社会主义是社会主义而不是其他什么主义，科学社会主义基本原则不能丢，丢了就不是社会主义"。这两段论述阐明了我们搞改革开放的根本目的和中国特色社会主义的本质属性。

在当代中国，只有弄明白了旗帜、道路、路线这样的大是大非问题，高举中国特色社会主义伟大旗帜，坚定不移地走中国特色社会主义道路，坚持贯彻党的基本路线，在面对当代中国的其他一些是非问题，诸如割裂共产主义远大理想与社会主义初级阶段、党性与人民性、全面深化改革中的改什么与不改什么、全面依法治国中的党与法、全面从严治党中的维护党中央权威与发扬党内民主等辩证统一关系的噪声杂音和奇谈怪论，比如所谓“普世价值”“公民社会”“三权分立”“宪政民主”“多党竞争”等西方价值观，以及“放弃马克思回归孔夫子”“全面儒化中国”等复古思想时，就有了作出是非判断的基本准绳。如果符合中国特色社会主义这一方向、有利于坚持和发展中国特色社会主义，就是“是”；反之就是“非”。正是从这个意义上说，坚持和发展中国特色社会主义，就是当代中国最根本的大是大非问题。

需要特别指出，中国共产党是中国特色社会主义事业的领导核心，党的领导是中国特色社会主义最本质的特征，是中国特色社会主义制度最大的优势。因此，坚持和发展中国特色社会主义，必然要坚持党的领导。由此，坚持党的领导，增强政治意识、大局意识、核心意识、看齐意识，坚定维护以习近平同志为核心的党中央的权威，自觉向党中央、向党的理论和路线方针政策、向党的决策部署看齐，也就当然处于当前中国最根本的大是大非问题之列。

共产主义理想、社会主义信念是共产党人的政治灵魂。党员干部必须始终保持清醒的头脑和正确的政治立场，不断提高政治敏锐性和政治鉴别力。对否定党的领导、党的基本路线、社会主义制度、中国特色社会主义的言行，对否定党的历史、中国历史、人民军队历史的言行，对否定党的领袖和英雄模范的言行，必须旗帜鲜明地反对和抵制。该管的要管起来，违法的要依法查处，帮助干部群众划清是非界限、澄清模糊认识、凝聚最大共识。

党的十八届六中全会通过的《关于新形势下党内政治生活的若干准则》提出了这样一个要求：“党员、干部特别是高级干部在大是大非面前不能态度暧昧，不能动摇基本政治立场，不能被错误言论所左右。”这“三个不能”的要求，有着鲜明的现实针对性，为党员、干部特别是高级干部划出了面对大是大非不能为之的明确红线，丰富了严肃党内政治生活的内涵。广大党员领导干部务必严格遵循，切实带头贯彻落实践行。

针对党内在大是大非问题上存在的一些错误言行，“三个不能”的提出，既是必要的，也是必然的。“三个不能”的提出是我们牢牢把握意识形态工作领导权主动权话语权的必然要求。意识形态工作是党的一项极端重要的工作，能否做好意识形态工作，事关党的前途命运、国家长治久安和民族凝聚力向心力。习近平反复强调，在集中精力进行经济建设的同时，一刻也不能放松和削弱意识形态工作，必须牢牢把握意识形态工作的领导权主动权话语权。

广大党员领导干部在事关大是大非和政治原则问题上，必须增强主动性、掌握主动权、打好主动仗。当前，世情国情党情深刻变化，意识形态领域情况复杂、斗争尖锐，西方敌对势力利用所谓的人权、民族、宗教等问题干涉我国内政，插手炒作敏感事件，维护国家政治安全面临新挑战。我们要有政治敏锐性和政治鉴别力，在大是大非面前眼睛特别亮，在重大原则问题上旗帜鲜明、立场坚定；发扬斗争精神，敢于斗争、善于斗争，面对错误思潮和错误言论不当“绅士”当战士；坚决抵御境外敌对势力利用宗教等问题进行渗透，严厉打击各种邪教破坏活动，坚决维护国家政治安全。

名篇摘录

“面对大是大非敢于亮剑”，就是要对那些否定党的领导、党的基本路线、社会主义制度、中国特色社会主义、党的历史、中国历史、人民军队历史的言行，对否定党的领袖和英雄模范的言行，必须旗帜鲜明地反对和抵制；对党内政治生活庸俗化、娱乐化、随意化倾向，对形形色色违反党内政治生活原则和制度的现象和腐败堕落、腐化变质的腐朽生活方式，敢于批评；对一些西方国家大肆输出西方意识形态，鼓吹西方政治制度模式，利用所谓的人权、民族、宗教等问题干涉我国内政的现象，敢于回击。在事关党和国家事业继往开来、事关中国特色社会主义前途命运、事关最广大人民群众根本利益的大是大非面前，敢于发声，敢于亮剑。如果在这些大是大非面前缄默无声，做丧失原则、不讲立场的“老好人”，就是妥协纵容、渎职失职，就是对党和人民的犯罪。

——摘录自《新时代的用人导向：
重用敢于担当型干部》，
唐任伍，人民论坛网，2018年4月17日

对于党员干部来说，发表观点最重要的不是为个人博得喝彩、赢得赞许，而是以党性原则为重、以人民利益为重，最大程度地消除分歧、凝聚共识。“千夫诺诺，不如一士谔谔”，对那些恶意攻击、造谣生事的错误言论，领导干部有责任以鲜明的态度主动发声，帮助群众划清是非界限、澄清模糊认识，绝对不能搞含糊其辞、退避三舍那一套。共产党人连流血牺牲的革命年代都走过来了，还怕损失一点蜗角虚名？我们党更不会以这种虚名来评价干部。在意识形态领域，领导干部要带头和不良言论作斗争，敢于亮剑，敢于担当，冲锋在前，形成一呼百应的局面。

——摘录自《关键时刻敢于“亮剑”
——创新我们的宣传思想工作之四》，
本报评论部，人民网—《人民日报》，2013年9月2日

践行提醒

“党员、干部特别是高级干部在大是大非面前不能态度暧昧，不能动摇基本政治立场，不能被错误言论所左右。”这“三个不能”的要求，有着鲜明的现实针对性，为党员、干部特别是高级干部划出了面对大是大非不能为之的明确红线。所谓“不能态度暧昧”，就是态度要鲜明准确，要亮明旗帜，支持什么、反对什么理直气壮地说、光明正大地做，不能当“好好先生”“开明绅士”，要当战士，不能含糊其辞、语焉不详、不明所以。所谓“不能动摇基本政治立场”，就是坚持马克思主义的立场、观点和方法，坚持以人民为中心、全心全意为人民服务的根本立场，说话做事前要首先弄清楚站在什么样的立场上和什么人的立场上，代表和为了谁的

利益，手中的权力是谁赋予的、执政基础是谁。所谓“不能被错误言论所左右”，就是增强政治定力、政治敏感度和政治鉴别力，炼就“火眼金睛”，不仅能拨开迷雾、辨别是非，还要敢于亮剑，勇于善于同错误言行做斗争。简而言之，在大是大非面前不能态度暧昧，不能动摇基本政治立场，不能被错误言论所左右，就是当人民利益受到损害、党和国家形象受到破坏、党的执政地位受到威胁时，要挺身而出、亮明态度、坚定立场，主动坚决开展斗争。

在现实中，不少党员领导干部遇到问题时，哪怕有理也不敢发声，生怕因言获咎，于是少说或者干脆不说。更为严重的是，还有些人出于“爱惜羽毛”的考虑，当起了“开明绅士”：对大是大非问题绕着走，态度暧昧，独善其身，担心被人说“不开明”。甚至还有少数党员领导干部在饭局、酒桌、茶室、“圈子活动”等场合说三道四、胡乱瞎说。这种怕“惹麻烦”、不担当，甚至胡说八道的党员领导干部多了，必然会导致意识形态领域“劣币驱逐良币”的现象，须引起全党上下的警醒，采取有力措施加以制止，一旦发现问题要及时严肃处理，防止进一步扩散、恶化。

全党要按照习近平总书记重要指示要求，在集中精力进行经济建设的同时，一刻也不能放松和削弱意识形态工作，必须牢牢把握意识形态工作的领导权主动权话语权。而要达到这样的要求，有两个关键点不能忽视：一是从工作客体上看，在大是大非问题上澄清谬误、明辨是非，旗帜鲜明地宣传正确观点、清除错误观点，不仅是意识形态工作的重要内容和组成部分，而且在整个意识形态工作中具有牵一发而动全身的关键效用。二是从工作主体上看，做好意识形态工作，宣传思想部门虽然承担着十分重要的使命，但这不能仅仅看作是宣传思想部门一家的事，所有部门、全体党员干部都有责任，特别是领导干部这个“关键少数”责任更加重大。

党的十八大以来，习近平多次强调，能否做好意识形态工作，事关党的前途命运，事关国家长治久安，事关民族凝聚力和向心力。领导干部在大是大非面前敢于担当，就必须在意识形态领域主动作为、勇于发声、敢于亮剑。一要敢于承担政治责任。广大党员领导干部必须保持清醒头脑和高度警觉，切实担负起做好意识形态工作的政治责任。要认真贯彻中央关于意识形态工作的决策部署，牢牢把握正确的政治方向，增强“四种意识”，在任何时候任何情况下都在思想上政治上行动上同以习近平同志为核心的党中央保持高度一致。二要敢于举旗亮剑。广大党员领导干部要树立阵地意识，对制度模式选择、价值体系建设和旗帜、道路、主义等大是大非问题，必须积极主动发声。三要敢于回应群众关切。各级领导干部必须掌握话语权，主动出击，痛击错误言论，回应群众的关切和期待，坚持以问题为导向，突出解决好人民群众关心的国计民生等热点、难点问题，着力在优化结构、增强动力、化解矛盾、补齐短板上取得突破性进展。

“三个不能”的要求简洁明确，虽口头上说说、喊喊口号、纸上谈兵容易做到，但真正内心接受并外化为实际行动并非易事。做到“三个不能”我们要坚持自律与他律相统一，坚持思想建党与制度治党相结合。一方面，要在“治”上做足文章，完善相关制度，制定并落实硬约束，真正在大是大非问题上做到严紧硬；另一方面，要在“建”上下苦功夫，坚定理想信念，努力提高马克思主义理论素养，炼就“金刚不坏之身”。

16　面对矛盾敢于迎难而上

重要背景

2013年6月28日至29日，习近平在全国组织工作会议上的讲话中提出，敢于担当，党的干部必须坚持原则、认真负责，面对大是大非敢于亮剑，面对矛盾敢于迎难而上，面对危机敢于挺身而出，面对失误敢于承担责任，面对歪风邪气敢于坚决斗争。清正廉洁，党的干部必须敬畏权力、管好权力、慎用权力，守住自己的政治生命，保持拒腐蚀、永不沾的政治本色。随后，习近平总书记多次强调面对矛盾敢于迎难而上。

2014年3月9日，习近平在参加全国人大会议安徽代表团审议时强调，创业要实，就是要脚踏实地、真抓实干，敢于担当责任，勇于直面矛盾，善于解决问题，努力创造经得起实践、人民、历史检验的实绩。做人要实，就是要对党、对组织、对人民、对同志忠诚老实，做老实人、说老实话、干老实事，襟怀坦白，公道正派。要发扬钉钉子精神，保持力度、保持韧劲，善始善终、善作善成，不断取得作风建设新成效。

2015年11月20日，习近平在纪念胡耀邦同志诞辰100周年座谈会上讲话中强调，面对当前改革发展稳定遇到的新形势新情况新问题，全党同志要有所作为、有所进步，就要敢于较真碰硬、敢于直面困难，自觉把使命放在心上、把责任扛在肩上，努力在协调推进“四个全面”战略布局中取得新的更大的成绩。

2019年9月3日，习近平在秋季学期中央党校（国家行政学院）中青年干部培训班开班式上发表重要讲话强调，领导干部要主动投身到各种斗争中去，在大是大非面前敢于亮剑，在矛盾冲突面前敢于迎难而上，在危机困难面前敢于挺身而出，在歪风邪气面前敢于坚决斗争。

毛泽东在《矛盾论》中提出，事物矛盾的法则，即对立统一的法则，是自然和社会的根本法则，因而也是思维的根本法则。它是和形而上学的宇宙观相反的。它对于人类的认识史是一个大革命。按照辩证唯物论的观点看来，矛盾存在于一切客观事物和主观思维的过程中，矛盾贯串于一切过程的始终，这是矛盾的普遍性和绝对性。

1975年，邓小平开始主持党中央和国务院日常工作，对各条战线进行整顿。6月24日，在中央军委扩大会议上，邓小平说："领导班子要有威信，敢字当头，能很好地执行党的方针政策，能很好地工作。"8月3日，在接见国防工业重点企业会议全体代表时，他提出三条整顿措施，第一条就是"一定要建立敢字当头的领导班子"。9月27日，在全国农村工作座谈会上他强调："现在问题相当多，要解决，没有一股劲不行。要敢字当头，横下一条心。"

开放论述

面对矛盾敢于迎难而上，就是遇到矛盾不怕事、不退缩、敢斗争，碰到问题不回避、不害怕、敢面对。在中国共产党90多年的发展中，处处铭刻着敢于迎难而上、动真碰硬的奋斗足迹。实践反复证明，成就任何一项事业都离不开与矛盾做斗争，与问题、困难做斗争，积极迎接挑战。矛盾、困难、问题、挑战面前，最能考验我们的担当精神。敢于担当，就是遇到矛盾不怕事，碰到问题不回避，遇到挑战敢面对，面对矛盾敢于迎难而上。新时代中国的发展面临着种种矛盾、问题、困难、挑战，迫切需要广大党员领导干部不为私心所扰、不为人情所困，破除"在其位不谋其政""遇到矛盾绕着走、碰见困难躲着行""只要不出事、宁可不干事"的庸人哲学，树立面对矛盾、问题、困难、挑战迎难而上、敢于担当的精神，逢山开路、遇水架桥，不断寻对策，积极化矛盾、解难题、克困难、迎挑战。

面对困难敢于迎难而上，敢于啃"硬骨头"是一种责任，是一种担当，更是一种胸怀和境界。它体现了一个党员"事不避难"的精神状态，在其位、谋其政、任其职、尽其责。任何一名党员领导干部，在职责需要的时候，要毫不犹豫、责无旁贷地挺身而出，全力履行自己的责任，并在承担责任中激发自己的全部能量。面对矛盾敢于迎难而上，敢于啃“硬骨头”是一种智慧，更是一种境界。鲁迅先生曾说过：“我们从古以来，就有埋头苦干的人，有拼命硬干的人，有为民请命的人，有舍身求法的人……这就是中国的脊梁。”作为一名党员领导干部，毫无疑问应该成为鲁迅先生说的中国的脊梁，或者努力成为中国的脊梁。面对矛盾、问题、困难、挑战，我们要敢于动真，敢于碰硬，有魄力果断地去解决，必然会赢得广大人民群众的拥护和支持。

当前，我国正处于经济转型关键期、深化改革攻坚期、社会矛盾凸显期，老问题与新问题相互交织，不同领域矛盾相互叠加，困难、挑战层出不穷，躲不开也绕不过。我们要坚持问题导向，勇于直面矛盾，面对矛盾敢于迎难而上，善于解决问题。矛盾问题面前，最能考验党员领导干部的担当作为。广大党员领导干部要发挥表率作用，把解决突出矛盾和问题作为打开工作局面的突破口，在深化改革、打赢脱贫攻坚战、抓好环境污染治理、防控风险、维护稳定等方方面面，敢于迎难而上，做到挺直腰杆担当、甩开膀子干事，以破解难题的实际成效带动全局工作整体提升。如果党员领导干部没有主动担当作为的意识，存在“等靠要”的想法，坐看矛盾问题积累恶化，最终势必造成无法弥补的损失。

焦裕禄是人民群众的好公仆、好书记，党员干部的好榜样，广大党员领导干部要经常把焦裕禄精神作为镜子照照自己。焦裕禄到兰考后，面对的是风沙、盐碱和内涝这“三害”。面对 90 多万亩饱受“三害”侵袭的土地和 36 万遭受饥荒威逼的人民，在短短 475 天里，焦裕禄带领兰考人民战风沙、斗盐碱，重塑了重灾区战胜灾难的信心。焦裕禄这种敢于迎难而上的拼搏精神，永远不会过时，在新时代赋有新内涵，随着时间越久远，越会放射出更加耀眼的精神之光，照耀共产党人前行之路，焦裕禄精神永远值得所有党员干部学习践行。

在面对矛盾敢于迎难而上，带头践行攻坚克难这方面，我们需要向习近平学习。学习他为了让老百姓吃上饱饭，冒着风险跑省城跑北京，把正定县的粮食征购任务减了下来的啃“硬骨头”的精神。1982 年，习近平被任命为正定县委副书记。当时正定县是北方闻名的高产县，每年上缴国家征购粮食 7600 万斤，在北方地区是最高的，被树为全国“农业学大寨”的先进典型。但是，由于征购任务太重了，当地农民却吃不饱。当地的干部都知道这个情况，但是谁也不愿意碰这个事情，因为征购任务都是国家计划，都是逐级分配下来的，没有特殊情况不易改变。另外，向上要求减少征购对干部来说是最忌讳的事情，说轻了是政治觉悟低，说重了是政治立场问题，会影响干部的前途。但是，习近平本着实事求是的精神，为了让正定老百姓吃上饱饭，不怕难，也不怕风险，敢于啃这个“硬骨头”。他多次义无反顾地跑省城、跑北京，向上反映群众征购过重的问题。最后中央派出调查组，经过调查核实，给正定县减少了 2800 万斤征购量。这样，农民就能吃上饱饭了。没有敢于担当的可贵品质，没有心中只有群众而不顾自身影响甚至前途的胸襟，尤其是在当时的政治环境下，是不敢啃这个“硬骨头”的。

名篇摘录

现在，我们党正带领人民推进新时代中国特色社会主义伟大事业，肩负的任务光荣而艰巨。面对世情国情党情的深刻变化，需要我们党团结带领人民有效应对重大挑战、抵御重大风险、克服重大阻力、解决重大矛盾。这就要求党员干部拿出“明知山有虎、偏向虎山行”的勇气，直面矛盾问题，敢于冒风险、涉险滩、攻坚克难，抓住事关改革发展稳定的重大问题、群众普遍关心和反映强烈的突出问题做工作。在大是大非面前，要敢于亮剑、表明态度，绝不能有了困难就逃避、遇到挑战就退缩。

——摘录自《建设忠诚干净担当的高素质干部队伍》，

王京清，《求是》，2018 年第 17 期大事难事见担当，担当需要铁肩膀。攻坚克难、化解矛盾，有时难免受到挫折、遭到冷遇；坚持原则、无私无畏，有时难免遇到误解、丢掉选票；见义勇为、不计得失，有时难免陷入困境、委屈无助；恪尽职守、任劳任怨，有时难免出现失误、挂一漏万。当此之时，他们最需要的是组织和领导热心的帮助、真心的鼓励、耐心的倾听，而不是泼一盆冷水、给一个冷脸、来一番冷嘲热讽，更不是使绊子、扣帽子、打棍子。

——摘录自《人民论坛："为敢于担当的干部担当"》，

辛士红，《人民日报》，2016 年 11 月 7 日

践行提醒

俗话说"大浪淘金"，"真金不怕火炼"，"真金更需要大火才能炼出来"。党员领导干部到矛盾多、问题多、困难多、挑战多的地方去，是对自身能力的考验，是对自身本领的考验，是一种自信的体现，这是一种智慧的彰显。有的干部为人圆滑世故，处事精明透顶，工作拈轻怕重，岗位挑肥拣瘦，不敢也不愿到条件艰苦的地方去，表面上好像占了多大便宜，暂时看不出什么，但是实践证明越是矛盾集中的地方、越是容易出问题的地方、越是困难复杂的地方、越是挑战严峻的地方，越是锻炼干部的地方。"沧海横流，方显英雄本色"，只有在解决矛盾、问题、困难、应对挑战的过程中，在啃"硬骨头"的过程中，党员领导干部的能力才会得到提升，才能真正得到历练、助推成长。

现实中，有的党员干部却是避重就轻，敷衍了事，说一套做一套、阳奉阴违、口是心非，他们缺少的往往不是能力和水平，也不是智慧和思维，而是缺乏敢于迎难而上的勇气和精神。有的党员领导干部面对矛盾墨守成规、畏畏缩缩、不敢迎难而上解决矛盾、问题、困难，不敢迎接挑战，还美其名曰"无为而治"。有的地方党员领导干部怕得罪人，不敢碰硬，不给群众解决实际问题，面对群众困难时只是简单地用"法律用语"搪塞、推卸，不积极地想办法解决问题，揣着明白装糊涂，担着责任不办事。有的干部也许是想有所作为的，但是他们害怕去创新，不敢去尝试，

他们担心一旦“试错了”就要担责任。有的党员干部对党中央惩贪治腐、严纠“四风”产生了畏惧心态，怕出事、怕坏事，于是干脆当起“甩手掌柜”，不谋事、不干事、不管事，被动担当、慢作为，甚至不担当、不作为、懒作为、假担当、伪作为。党的十八大以来，对此类党员领导干部进行了大力查处，足以让全党全社会为之警醒。今后，还需要我们时刻引起足够的重视和警惕，以免这类歪风出现反弹、回潮。

党员领导干部不敢迎难而上，不敢啃“硬骨头”，从思想根源上看是回避矛盾，是渴望一种无矛盾的状态。这种思想是十分错误的，不管是自然界还是人类社会时时处处都处在一种矛盾之中。正因为如此，毛泽东才肯定矛盾的普遍性，他强调：“不论是简单的运动形式，或复杂的运动形式，不论是客观现象，或思想现象，矛盾是普遍地存在着，矛盾存在于一切过程中，这一点已经弄清楚了。”所以，对于有些党员干部来说，试图在思想中回避矛盾是错误的，矛盾是无法回避的。在现实工作中，正是有人回避矛盾才导致了“小事拖大，大事拖炸”。比如过去发生的种种“事件”，一开始都是小事情，但是由于回避矛盾、没有采取有力的应对措施，最后酿成震惊全国的群体性事件。

党员领导干部面对矛盾敢于迎难而上，但绝不是傻干、蛮干、胡干，而是要敢干、实干、巧干。敢于迎难而上，敢于啃“硬骨头”，还必须找到矛盾、问题、困难、挑战的关键之点、要害之处。科学分析矛盾、问题、困难之所以“难”，“硬骨头”之所以“硬”的原因，了解、掌握问题、困难、“硬骨头”的艰巨性、复杂性、典型性。从纷繁复杂的现象背后抓住那个关键之点和要害之处需要有丰富的实践经验，才能抓住问题的关键，抓住问题的核心，才能找到问题的根本。这就要求我们多多历练，不断增长本事和丰富经验。

针对新形势新情况新问题，各级党组织要认真贯彻落实中共中央办公厅《关于进一步激励广大干部新时代新担当新作为的意见》要求，坚持优者上、庸者下、劣者汰，对个性鲜明、坚持原则、敢抓敢管、不怕得罪人的干部，符合条件的大胆使用，对不担当不作为的干部，根据情节该免职的免职、该调整的调整、该降职的降职。同时，改进考核方式方法，着力解决干与不干、干多干少、干好干坏一个样的问题。为想干事、敢干事、能干事、干成事、干好事、干难事的干部撑腰鼓劲，激励广大干部在新时代担当新使命、展现新作为。

17 面对危机敢于挺身而出

重要背景

2013 年 6 月 28 日至 29 日，习近平在全国组织工作会议上的讲话中提出，敢于担当，党的干部必须坚持原则、认真负责，面对大是大非敢于亮剑，面对矛盾敢于迎难而上，面对危机敢于挺身而出，面对失误敢于承担责任，面对歪风邪气敢于坚决斗争。清正廉洁，党的干部必须敬畏权力、管好权力、慎用权力，守住自己的政治生命，保持拒腐蚀、永不沾的政治本色。随后，习近平多次强调面对危机敢于挺身而出。

2019 年 9 月 3 日，习近平在秋季学期中央党校（国家行政学院）中青年干部培训班开班式上发表重要讲话强调，领导干部要主动投身到各种斗争中去，在大是大非面前敢于亮剑，在矛盾冲突面前敢于迎难而上，在危机困难面前敢于挺身而出，在歪风邪气面前敢于坚决斗争。

1934 年 10 月，第五次反“围剿”失败后，中央主力红军为摆脱国民党军队的包围追击，被迫实行战略性转移，退出中央根据地，进行长征。中国共产党和中央红军面临生死存亡的危机。

渡过湘江后，博古、李德指挥中央红军沿着西延山脉继续西进，计划按原定方案北出湘西与红二、红六军团会合。已经发现红军的战略方向的蒋介石，制定了《湘水以西地区剿匪计划大纲》，企图将中央红军一举消灭。博古、李德发现这一情况后，仍不改变与红二、红六军团会合的原定方案，命令中央红军继续西进，于 12 月 11 日先头部队占领通道县城。

在这个危急关头，毛泽东向周恩来郑重建议：放弃原定计划，改向敌人力量薄弱的贵州前进。周恩来十分赞同这个意见。在毛泽东与周恩来直接交流之后，周恩来又陆陆续续听了张闻天、王稼祥、朱德、刘伯承、彭德怀等人的意见，他们不仅要求改变行军方向，而且对最高“三人团”的军事指挥提出尖锐批评，并要求召开会议加以研究。于是，在中央红军占领通道的第二天，中共中央负责人召开了临时紧急会议，讨论战略行动方针。会上，博古、李德仍然坚持去湘西与红二、红六军团会合的计划。毛泽东不同意他们的意见，认为国民党军队正以五六倍于我的兵力构筑起四道防御碉堡线，张网以待，“请君入瓮”！此时北上湘西，将会陷入重围，后果将不堪设想。对于毛泽东提出的西进贵州的意见，王稼祥、张闻天在发言中表示支持，周恩来等也赞成这个主张。于是，会议根据多数人的意见，通过了西进贵州的主张。

在我们党、中央红军面临生死存亡之际，正是由于毛泽东面对危机敢于挺身而出，敢于担当，敢于负责，高瞻远瞩，英明决策，力挽狂澜，才一次次挽救了党、挽救了红军、挽救了中国革命。

开放论述

“面对危机敢于挺身而出”，就是在紧急关头、关键时刻没有怯懦、没有退缩，勇敢地站出来、顶上去，当好中流砥柱，成为一面旗帜。“沧海横流，方显出英雄本色。”敢于担当不仅要体现在平时工作中，更要体现在紧急关头、关键时刻。在革命历史进程中，无数敢于担当的共产党人为了老百姓不再受苦，为了革命事业，为了让新中国早日屹立东方，不畏艰险、不怕牺牲、敢于担当，挽危难于水火，救黎民于倒悬。在社会主义建设的关键时刻，在改革开放的历史关头，在抗震救灾、抗洪抢险等急难险重任务面前，广大党员干部置个人生死于不顾，冲在前面，干在前面，表现出了敢于担当的坚强意志和优秀品质。

敢于担当，就是铭记责任、履行使命、战胜困难，平时默默无闻、埋头苦干，关键时刻勇挑重担，急难险重任务冲在最前头，面对危机敢于挺身而出。党员领导干部在紧急关头上、关键时刻要豁得出来、顶得上去，带领人民群众战风险、渡难关。遇到危急情况、遇到大灾大难、遇到突发事件，都能临危不惧、靠前指挥，抓紧解决问题，为人民群众排忧解难。

在前进道路上，难免还会遇到这样那样的急难险重任务，作为党员领导干部，关键时刻一定要站出来、顶上去，当好中流砥柱，成为人民群众的主心骨。

广大党员领导干部要有明知山有虎、偏向虎山行的劲头，真正成为带领人民群众战风险、渡难关的主心骨。在紧急危难关头，党员领导干部要敢于担当，勇敢肩负起那份责任，不畏艰险、不怕牺牲，凡事都冲在前面、干在前面，真正起到先锋表率作用。但也要看到，当前仍有一些党员领导干部在危机面前畏首畏尾、瞻前顾后，有的顾虑重重、采取“鸵鸟政策”，有的忧心忡忡、茫然不知所措，有的手忙脚乱以致乱中出错，给工作造成被动。在过去、今天、未来，共产党人遇到紧急情况时，要果断决策、科学决策，不能优柔寡断、患得患失；遇到大灾大难时，要第一时间赶赴现场，临危不惧、靠前指挥，不能躲闪回避、贻误时机；遇到突发群体性事件时，要及时稳控局面，抓紧研究解决办法，全力保护人民群众生命和财产安全，积极做好善后事宜。

名篇摘录

衡量一个干部、一个集体是否敢担当，有无作为是根本的标准。在战争年代，拉一个连、一个团上去，能打胜仗，还少牺牲，这是有作为；在和平年代，能维护一方稳定，确保一方平安，这是有作为；克服困难，为组织分忧，解决一些历史遗留的矛盾和问题，这是有作为；遇到突发事件，大员上阵，冲在一线，妥善应对处置，这也是有作为。我们要警惕话说得好、表面功夫做得好，躺着喊冲锋的现象；要防止目标宏伟，结果了了，局面打不开，甚至贻误发展机遇的人和事。

——摘录自《敢担当，不是躺着喊冲锋（声音）》，
许甘露、马跃峰，《人民日报》，2017 年 4 月 20 日

“干部干部，干是当头的。”邓小平同志曾说过：“世界上的事情都是干出来的，不干，半点马克思主义也没有。”在中国特色社会主义进入新

时代的关键时刻，国内外环境发生了极为广泛而深刻的变化，机遇与挑战并存，需要干部敢打攻坚战、敢蹚深水区，忠诚履责、尽心尽责、勇于担责，成为敢于担当的一面旗帜、一个标杆和一面镜子，以永不懈怠的精神状态和一往无前的奋斗姿态，朝着实现中华民族伟大复兴的宏伟目标奋勇前进。

——摘录自《唱响新时代敢于担当主旋律》，
张强红，人民网—中国共产党新闻网，2018 年 5 月 8 日

践行提醒

面对危机、困难、挑战，是对党员领导干部是否敢于担当的重大考验之一。在改革发展当中，许多党员领导干部面对突发事件挺身而出，在面对地震、滑坡、洪涝等自然灾害、易燃易爆等危险物品爆炸、重大环境污染事故等现场，很多党员领导干部不顾个人安危、身先士卒，第一时间赶到一线，以当机立断的魄力和坚韧不拔的毅力，全力组织实施应对重大挑战、抵御重大风险、解决突出环境等问题，有不少党员领导干部因公负伤甚至献出宝贵生命，更有千千万万守卫边疆、抢险抗洪的战士、反恐维稳的武警、维护治安的民警，为了祖国安全和人民幸福，时刻面对突发事件挺身而出甚至英勇牺牲，等等。他们的英勇行为展示出共产党人应有的坚强意志和优秀品格，在党和人民需要的时候，挺身而出、迎难而上、豁得出来、顶得上去、无私奉献。

1962 年冬，大雪纷飞，兰考县火车站里，挤满了外出逃荒灾民。当时，一位省领导实地考察，看到兰考的恶劣环境和严重灾情，提议一分为四，将兰考划给周边四个稍好的邻县。焦裕禄面对巨大的困难和压力，当场立下军令状：情愿累脱三层皮，也要安抚好百姓，绝不能把困难推给兄弟县！共产党的“官场”非为升官发财的名利场，也不是清闲安逸的养生堂，而是为民造福的奋斗场。要奋斗，就须舍得一己之得的功名利禄，担得起安邦富民的公仆义务；放得下进退去留的个人得失，负得起振兴一方的公权职责。

现实中，有的党员领导干部不敢担当，面对危机风险不敢挺身而出，在紧急关头、关键时刻表现怯懦、退缩，不敢站出来、顶上去。在抗震救灾、抗洪抢险等急难险重任务面前，有的党员领导干部首先考虑自身安危和利益，畏缩不前，躲闪回避，推卸责任，毫无担当。究其原因，不敢担当尽责，就在于心里只有“自我”“私利”。一怕“多干事、易出事”，“位子”不稳；二怕斗歪风邪气、得罪人，丢了“选票”；三怕树大招风难作为，影响声誉；四怕揭“脓包”、捅“蜂窝”，丢了退路。对于党员领导干部来说，从政是为公的事业，权力是民赋的责任，有责任就要敢担当，遇险避事躲身、失责无为，连半点官德操守都没有，这样的党员领导干部终究会被世人耻笑，务必从严从重惩处。

党员领导干部要发挥先锋模范带头作用，遇到紧急情况，要有胆有识、果断决策，科学分析、理性应对，决不能优柔寡断、患得患失；遇到大灾大难，要第一时间赶赴现场，第一时间安排部署工作，做到临危不惧、靠前指挥，决不能玩忽职守、临阵退缩、贻误时机；遇到突发群体性事件，要及时深入一线了解真实情况，站稳政治立场，把握沟通艺术，安抚群众情绪，缓解群众矛盾，抓紧研究解决办法，妥善、细致、周密解决问题，决不能见事迟、行动慢，敷衍塞责、激化矛盾，更不能推诿扯皮、矛盾上交。广大党员领导干部要锤炼把好事办好、把难事办妥、把大事办成的工作本领，做一个让党放心、让群众满意的好党员好领导好干部。

18　面对歪风邪气敢于坚决斗争

重要背景

2013年6月28日至29日，习近平在全国组织工作会议上的讲话中提出，敢于担当，党的干部必须坚持原则、认真负责，面对大是大非敢于亮剑，面对矛盾敢于迎难而上，面对危机敢于挺身而出，面对失误敢于承担责任，面对歪风邪气敢于坚决斗争。清正廉洁，党的干部必须敬畏权力、管好权力、慎用权力，守住自己的政治生命，保持拒腐蚀、永不沾的政治本色。之后，习近平多次强调面对歪风邪气敢于坚决斗争。

2019年1月13日，习近平在十九届中央纪委三次全会上强调，党内要保持健康的党内同志关系，倡导清清爽爽的同志关系、规规矩矩的上下级关系，坚决抵制拉拉扯扯、吹吹拍拍等歪风邪气，让党内关系正常化、纯洁化。

2019年9月3日，习近平在秋季学期中央党校（国家行政学院）中青年干部培训班开班式上发表重要讲话强调，领导干部要主动投身到各种斗争中去，在大是大非面前敢于亮剑，在矛盾冲突面前敢于迎难而上，在危机困难面前敢于挺身而出，在歪风邪气面前敢于坚决斗争。

毛泽东经常严肃地批评官僚主义、命令主义作风，提醒党员干部要避免这种歪风邪气，真正走到群众中去，和群众交朋友。

我们党历来要求保持健康的党内同志关系，这是开展党内政治生活的基础，是开展正确的批评和自我批评的重要前提，也是我们党的优良传统。从八七会议到遵义会议，再到延安整风，健康的党内同志关系在重大历史关头始终发挥着重要作用，有力促进了党的团结统一和党的事业的不断发展。从称呼上看，党的领袖们一再表示，党内不要以职务相称，最好用“同志”称呼。毛泽东曾表示他最喜欢别人称他为“毛泽东同志”。邓小平针对“小平同志”的称呼专门批示指出，“头一次看到这样的称呼，我很喜欢”。

1978年12月13日，邓小平在《解放思想，实事求是，团结一致向前看》一文中强调：“不讲党性，不讲原则，说话做事看来头、看风向，满以为这样不会犯错误。其实随风倒本身就是一个违反共产党员党性的大错误。”邓小平还多次强调，要敢说真话，反对说假话，不务虚名，多做实事；要公私分明，不拿原则换人情；要任人唯贤，反对任人唯亲。

开放论述

“面对歪风邪气敢于坚决斗争”，就是坚持原则、充满正气，对那些危害党和人民利益的歪风邪气敢于动真碰硬，敢抓敢管敢批评，不做一团和气的“老好人”、八面玲珑的“变色龙”。纵观党的历史，党内政治生活充满正气、充满活力，少不了共产党人敢于斗争、敢于担当的一身正气。无论是遵义会议、延安整风运动，还是关于真理标准问题大讨论，之所以影响深远，一个重要原因就是党内不搞“一团和气”，敢于进行思想交锋，敢于坚持真理、修正错误。新时代的党员领导干部，不但自己要始终保持坚强的党性和坚定的信念，堂堂正正做人，扎扎实实做事，清清白白做官，用自己的“一身正气”压倒一切歪风邪气，关键时刻还要敢于批评、敢于较真碰硬，不给歪风邪气滋生和蔓延的机会，从而让坚持真理、明辨是非、敢于担当的优良作风成为常态，营造风清气正的政治生态。

拉拉扯扯、吹吹拍拍等都是歪风邪气的典型表现，但歪风邪气显然不止于此，拉帮结派、搞小圈子、形成人身依附关系等问题更不可忽视。拉拉扯扯就是利用工作关系“市私恩”，有的领导干部喜欢搞封官许愿、跑风漏气、收买人心，培植个人势力，搞团团伙伙，让得到好处的人明白自己是“谁的人”、属于哪个“圈子”“山头”、该听哪位“老板”的话，该为“圈内人”“效劳”，最终形成帮派、小圈子、结成利益集团。这就造成选人用人上的不正之风，不是任人唯贤，而是任人唯亲，搞亲亲疏疏，严重危害党的事业。

吹吹拍拍是旧社会腐朽官场文化的遗存，也是人性中弱点的典型暴露。实际上，除了溜须拍马、阿谀奉承，在工作中弄虚作假、虚报浮夸也是一种吹吹拍拍。有的党员领导干部往往隐瞒实情、报喜不报忧，甚至曲意逢迎、搞颠倒黑白那一套，小则误人误己，大则可能贻害党的事业。闻过则喜、知错就改是共产党人应有的境界，我们工作中存在缺点、为人处世上存在不足是难免的，要想进步就得坚持实事求是、虚心接受批评意见、及时纠正改进。

任何时候都要保持党内政治生态的健康，都要发扬过去共产党人敢于担当、敢于交锋、敢于批评、充满正气的优良传统，勇于向党员领导干部身上的缺点错误开刀；勇于在大是大非面前表明态度、坚定立场；勇于同歪风邪气进行斗争，营造风清气正的政治生态，防止“一团和气”的伪生态、“亚健康”的生态，甚至“病变”的生态。当前，有的党员领导干部私心太重，明哲保身，凡事以个人利益为考量，爱惜自己的“羽毛”；有的人不敢批评、不愿批评，怕伤了和气，影响团结，遇到矛盾绕着走，讲什么都是一副“好好先生”的做派；有的人批评如“隔靴搔痒”，不痛不痒，少了辣味，只是走个过场和形式；有的人处事圆滑，表面上是批评，实则是“变相表扬”的溜须拍马。这些“爱惜羽毛”“一团和气”的现象，客观上助长了党内歪风邪气的滋生、蔓延。

任何一个地方、单位如果风气不正，就不能有发展。因为风气不正，邪气就会弥漫，大家就会心事重重，就会钩心斗角，就会窝里斗、瞎折腾，大部分资源都用于搞歪门邪道，哪还有心思、时间、精力干正事。好的风气从哪里来？一方面，“关键少数”要带头树立正气；另一方面，主要领导要带头对歪风邪气敢于出手，敢于坚决斗争，使歪风邪气下降、正气上升，正气压倒歪风邪气。所有党员领导干部，对于歪风邪气，绝不能睁一只眼闭一只眼，要敢于站出来表明态度、站出来批评、站出来澄清、站出来纠正。如果一个班子、一个地方长期不正之风弥漫，什么是对的、什么是错的都含糊其辞，赞成什么、反对什么都态度暧昧，对明显错误的言行、事实都不予制止、处置，这说明党员干部特别是“关键少数”就没尽到责任，也就不会是一个合格的党员、称职的干部。

在各种歪风邪气面前，是做挡风驱邪的“泰山石”“黄山松”，还是做八面玲珑的“老好人”“变色龙”，对每一位党员领导干部都是现实的考验。当前，各种歪风邪气依然存在，一些歪风邪气行为由明转暗。面对这种状况，领导干部应有正气压倒邪气的必胜信心、舍我其谁的政治担当和铁面无私的浩然正气，敢抓善管、严厉整治，对纪律观念淡薄、作风松懈的，执铁规、出重拳，敢于较真碰硬、真抓严管；对违纪违规违法行为以及各种社会丑恶现象，敢于坚决斗争，不留情面、坚决打击，让各种歪风邪气没有市场。

名篇摘录

党员领导干部要带头建立健康的工作关系，决不能当家长式的人物，决不能亲近那些对上级阿谀奉承、无原则服从的干部，决不能把公共资源用于个人或者单位结“人缘”、拉关系、谋好处，而是要严守政治纪律、经济纪律、组织纪律、廉洁纪律、群众纪律、工作纪律和生活纪律，为营造正常化纯洁化的党内关系带好头、作表率。要明确划出纪律红线，坚决破除同志关系不清爽、上下级关系不规矩的不正之风，坚决杜绝小山头、小圈子、小团伙那一套，坚决反对门客、门宦、门附那一套。对有拉拉扯扯、吹吹拍拍苗头的人，要经常开展批评和自我批评，常态化开展约谈提醒，强化监督，坚持惩前毖后、治病救人，运用监督执纪“四种形态”，抓早抓小、防微杜渐，把纪律刻印在全体党员心上，时时处处讲政治、讲党性、讲纪律、讲规矩，形成正常化纯洁化的党内关系。

——摘录自《坚决抵制歪风邪气让党内关系正常化纯洁化》，

熊若愚，《学习时报》，2019 年 1 月 18 日

面对歪风邪气敢于坚决斗争，要坚决抵制“一团和气”的好人主义。“一团和气”是一种假团结，看似“和谐”、不得罪人，实则害人不浅。在

其位就应谋其政，位子不是靠溜须拍马取得的，不是当“老好人”被捧上去的，而是凭真本领、真成绩坐上去的。要坚持正确选人用人导向，大胆起用那些敢于坚持原则、动真碰硬、敢抓敢管的人，让能干事、敢干事、干成事者脱颖而出。同时，党员干部要切实做到“五个必须”，坚决防止“七个有之”，营造敢说真话、愿说真话、争说真话的良好环境。

邪气压不过正气，罪恶见不得阳光。党员干部面对歪风邪气要有正确的立场和鲜明的态度，关键时刻一定要站出来、指出来，敢于直言不讳、较真碰硬，不给歪风邪气滋生和蔓延的环境，从而让坚持真理、明辨是非、敢于担当的优良作风成为常态。

——摘录自《对歪风邪气要敢于坚决斗争》，

《兵团日报》，2017 年 7 月 19 日

践行提醒

一要积极营造和保持健康的党内同志关系，平等是核心，互相尊重是关键。同志关系不是简单的领导与被领导、命令与服从的关系。同志关系建立在志同道合的基础上，健康的党内同志关系是平等的关系。党内同志尽管分工不同、岗位不同、权责不同，但大家没有高低贵贱之分，人格是完全平等的。健康的党内同志关系是互相尊重、团结互助的关系。人的能力有大小，尺有所短，寸有所长，但只要尽心尽力工作就应得到尊重。健康的党内同志关系是清清爽爽的，这意味着不能稀里糊涂、浑浑噩噩，一起吃吃喝喝、嘻嘻哈哈就不能清清爽爽。健康的党内同志关系在上下级之间是规规矩矩的，上级要知道敬畏法纪，尊重下级的人格，不要以为有权力就可以为所欲为；而下级也要守住本分，通过真抓实干、脚踏实地的业绩赢得肯定，而不要依靠吹吹拍拍、敢送会送去围猎领导。

二要坚决抵制党内关系上的歪风邪气，尤其要坚决反对人身依附关系。广大党员干部要旗帜鲜明反对拉拉扯扯、吹吹拍拍等歪风邪气的典型表现，坚决反对拉帮结派、搞小圈子、形成人身依附关系等歪风邪气，坚决反对党内各种潜规则。坚决反对搞封官许愿、跑风漏气、收买人心，培

植个人势力，搞团团伙伙，最终形成帮派、小圈子、结成利益集团。坚决反对选人用人上的不正之风，不是任人唯贤，而是任人唯亲，搞亲亲疏疏，严重危害党的事业。选人用人上尤其要坚持邓小平所倡导的“要抛弃个人恩怨来选择人，反对过自己的人也要用”。坚决反对溜须拍马、阿谀奉承，在工作中弄虚作假、虚报浮夸。坚决反对两面派、两面人，对上一套对下一套，口是心非、阳奉阴违，绝不能让他们大行其道。要大力弘扬批评和自我批评优良作风，必须严肃党内政治生活，认认真真开好民主生活会、组织生活会，拿起批评和自我批评的武器，经常红红脸、出出汗才能保证不犯错误、共同进步，真正形成风清气正的党内环境和党内关系。

三要积极主动推进党内关系正常化、纯洁化，尤其是“关键少数”要发挥表率引领作用。推进党内关系正常化、纯洁化，领导干部特别是高级干部负有主要责任，以上率下才能令行禁止。领导干部特别是高级干部不能搞家长制，要求别人唯命是从，特别是不能要求下级办违反党纪国法的事；下级也应该坚持原则，自觉抵制上级领导干部的不合理要求，不应该对上级领导干部搞无原则服从。领导干部对党中央各方面的决策部署，都必须坚定坚决、不折不扣、落实落细，以实际行动做出表率。推进党内关系正常化、纯洁化，还要重视走群众路线，发挥群众作用，在实践中拓展整治群众身边腐败和作风问题工作，从具体人、具体事着手，将问题一个一个解决。纪检监察机关要坚持打铁必须自身硬，带头加强机关党的政治建设，健全内控机制，经常打扫庭院，清除害群之马，建设忠诚干净担当的纪检监察铁军。

四要做到敢于讲原则，敢于斗争不是喊喊口号、纸上谈兵，关键要躬身践行，尤其是“关键少数”要带头做表率。作为一名新时代的党员领导干部，敢于担当首先表现在讲原则，对歪风邪气敢于斗争上。这是一个党员领导干部讲政治、讲正气的具体体现。原则就是方向，坚持原则就是坚持正确的方向，坚持原则就是讲政治、讲正气。党员领导干部要始终言行一致，表里如一，不搞当面一套、背后一套，做人光明磊落、堂堂正正，反对阳奉阴违的“两面派”行为和一切阴谋诡计。要做到讲原则，对歪风邪气敢于斗争，就要讲真理，不要讲面子。正如陈云所说，要讲真理，不要讲面子。是什么就是什么，应该怎样就怎样。共产党员参加革命，丢了一切，准备牺牲性命干革命，还计较什么面子？把面子丢开，讲真理，怎样对于老百姓有利，怎样对于革命有利，就怎样办。讲原则，对歪风邪气敢于斗争，还要做到讲技巧、讲方法。

19 面对消极腐败敢于坚决斗争

重要背景

腐败与党的性质宗旨格格不入，与国家和人民的利益背道而驰，是党执政面临的最大威胁。习近平多次强调，“人民群众最痛恨腐败现象”，“不得罪成百上千的腐败分子，就要得罪 13 亿人民。这是一笔再明白不过的政治账，人心向背的账”。

2018 年 6 月 29 日，习近平在中共中央政治局第六次集体学习的重要讲话中指出，最近查处的腐败案件，有相当一部分发生在党的十八大以来甚至延续到党的十九大之后。尽管党中央三令五申，一些干部仍然不收手、不收敛，心存侥幸、顶风作案。这表明，反腐败斗争形势依然严峻复杂，巩固压倒性态势、夺取压倒性胜利的决心必须坚如磐石。加强党的政治建设，必须以永远在路上的坚定和执着，坚决把反腐败斗争进行到底，使我们党永不变质、永不变色。要持续保持高压态势，坚持无禁区、全覆盖、零容忍，坚持重遏制、强高压、长震慑，坚持受贿行贿一起查，坚决防止党内形成利益集团，坚决防范各种利益集团“围猎”和绑架领导干部。领导干部特别是高级干部要明大德、守公德、严私德，做廉洁自律、廉洁用权、廉洁齐家的模范。要织密监督的“天网”，扎紧制度的篱笆，发挥巡视利剑作用，推动全面从严治党向基层延伸，让人民群众真正感受到清正干部、清廉政府、清明政治就在身边、就在眼前。

2019 年 1 月 21 日，习近平在省部级主要领导干部坚持底线思维着力防范化解重大风险专题研讨班开班式上的重要讲话指出，党的十八大以来，我们取得了反腐败斗争压倒性胜利，但反腐败斗争还没有取得彻底胜利。反腐败斗争形势依然严峻复杂，零容忍的决心丝毫不能动摇，打击腐败的力度丝毫不能削减，必须以永远在路上的坚韧和执着，坚决打好反腐败斗争攻坚战、持久战。

2019 年 9 月 3 日，习近平在秋季学期中央党校（国家行政学院）中青年干部培训班开班式上发表重要讲话强调，凡是危害中国共产党领导和我国社会主义制度的各种风险挑战，凡是危害我国主权、安全、发展利益的各种风险挑战，凡是危害我国核心利益和重大原则的各种风险挑战，凡是危害我国人民根本利益的各种风险挑战，凡是危害我国实现“两个一百年”奋斗目标、实现中华民族伟大复兴的各种风险挑战，只要来了，我们就必须进行坚决斗争，而且必须取得斗争胜利。

我们党的主要领导人在领导中国人民进行社会主义革命和建设的伟大事业中，历来十分重视反腐败工作。1949 年 3 月 5 日，毛泽东在《中国共产党第七届中央委员会第二次全体会议上的报告》中指出，可能有这样一些共产党人，他们是不曾被拿枪的敌人征服过的，他们在这些敌人面前不愧英雄的称号；但是经不起人们用糖衣裹着的炮弹的攻击，他们在糖弹面前要打败仗。我们必须预防这种情况。

邓小平 1982 年 4 月 10 日在《坚决打击经济犯罪活动》一文中指出，打击经济犯罪活动的斗争，是我们坚持社会主义道路和实现四个现代化的一个保证。这是一个经常的斗争，经常的工作。否则，社会主义道路怎么坚持呀？如果不搞这个斗争，四个现代化建设，对外开放和对内搞活经济的政策，就要失败。1989 年 9 月 16 日，在《我们有信心把中国的事情做得更好》一文中指出，我们反对腐败，搞廉洁政治。不是搞一天两天、一月两月，整个改革开放过程都要反对腐败。

开放论述

腐败本义是指物体腐烂，从社会学意义上讲是指人的行为堕落，特别是公职人员出于私人目的而滥用公共权力和公共资源的行为。王沪宁同志曾将腐败划分为拜金型、拜物型、徇私型、享受型、贪色型等几种类型。其表现形式是利用职权从事如下活动：收受礼金，以权谋私；贪污受贿，以权经商；玩忽职守，弄虚作假；任人唯亲，拉帮结派；办事拖拉，推诿扯皮；打击报复，诬告陷害；蛮横无理，非法侵占；讲究排场，铺张浪费；道德败坏，权色交易；赌博，嫖娼，封建迷信；婚丧嫁娶大操大办；等等。

深究腐败的成因，无非如下几种：一是利益驱动。所谓“人为财死，鸟为食亡”，在强烈的利益驱动下，面对金钱和权力的诱惑，一些人被利欲熏心，便挖空心思寻找一切可乘之机攫取财富，腐败现象也就随之产生，更有甚者，致党纪国法于不顾，大行权钱交易、贪污受贿等不正之风。二是政治思想观念淡薄。一些领导干部受社会上拜金主义、享乐主义和个人主义等腐朽思想影响，淡忘了理想信念，经受不住权力、金钱、美色的考验，热衷于吃喝玩乐，沉湎于声色犬马，最终陷入腐败的泥潭。三是权力相对集中。权力是用来为公众服务的，但是在市场经济条件下，因为市场机制不完善，就为权力滥用和寻租提供了机会。而封建积习中的升官发财、光宗耀祖、官本位、人身依附等又根深蒂固，从而使权力成为腐败的温床。四是制度不完善。制度是死的，人是活的，制度的制定有一定的滞后性，再完善的制度也会有漏洞，制度的完善总赶不上人的投机取巧，再加上监督不够完善，从而使某些领导干部乘虚而入，用非法的手段达成自己的欲望。

20 世纪 50 年代初，毛泽东曾告诫全党：“治国就是治吏。礼义廉耻，国之四维；四维不张，国将不国。如果臣下一个个都寡廉鲜耻，贪污无度，胡作非为，而国家还没有办法治他们，那么天下一定大乱。”党的十八大以来，中央反腐败态度鲜明，意志坚定。反腐败的力度空前提高，反腐败的成效有目共睹。之所以如此坚定不移地反腐败，大致有这样几方面原因：第一，反腐败是党的政治诚信的兑现。党的性质和宗旨决定了党和腐败水火不容。腐败动摇的是党的执政基础，腐败的滋生蔓延，不仅仅影响党的形象声誉和党的纪律权威，更会导致制度废弛，纪律涣散，有令不行，有禁不止，使得党内一盘散沙，形不成任何的凝聚力、战斗力。党的凝聚力、战斗力的兑现，也是政治诚信的兑现。第二，反腐败是最大的民心。反腐最得民心，民心才是最大的政治。贪污腐败必然侵害群众的利益，破坏社会的公平公正，“人民群众最痛恨腐败现象”，贪污腐败最失民心。我们党的执政基础是民心，人心向背是最大的政治，必须以踏石留印、抓铁有痕的劲头将党风廉政建设和反腐斗争持之以恒地抓下去，回应人民群众关切，不断巩固党的执政之基。第三，反腐败符合中国的根本长远利益。腐败会使一个国家和民族丧失精神的追求，丧失凝聚力、战斗力。腐败盛行，不论是团体、政权还是民族，都是不可能有希望和前途的。反腐败的着眼点不仅仅是眼前，更是中国根本利益、长远利益。

中国共产党是为大多数人谋福利的无产阶级政党，最终目标是实现共产主义，一切贪图享乐、追求私利、脱离群众、腐败堕落的现象都是违背党的性质和宗旨的。反腐败是我们党一贯的鲜明立场，顺乎党心、合乎民意，一定要理直气壮、大张旗鼓地把反腐败斗争进行到底，决不让腐败分子在党内有任何容身之处。要深化标本兼治，夯实治本基础，一体推进不敢腐、不能腐、不想腐，真正做到干部清正、政府清廉、政治清明。党的十八大以来，以习近平同志为核心的党中央带领全党以猛药去疴、重典治乱的决心，以刮骨疗毒、壮士断腕的勇气，坚持有腐必反、有贪必肃，持续保持遏制腐败高压态势，不断取得新的重大成就。从腐败和反腐败两军对垒呈“胶着状态”，到“反腐败斗争压倒性态势正在形成”，到“压倒性态势已经形成”，再到“反腐败斗争取得压倒性胜利”，我们党坚定不移惩治腐败、决战决胜的信心勇气，在全面从严治党实践中得到充分展现，短短几年时间就取得了多少人不敢想象的巨大胜利，极大地赢得了人民群众对党的信心、信任和信赖。

名篇摘录

在十九届中央纪委二次全会上，习近平同志用“六个坚持”对党的十八大以来全面从严治党、深入推进反腐败斗争的经验进行了总结，即坚持思想建党和制度治党相统一、坚持使命引领和问题导向相统一、坚持抓“关键少数”和管“绝大多数”相统一、坚持行使权力和担当责任相统一、坚持严格管理和关心信任相统一、坚持党内监督和群众监督相统一。这“六个坚持”体现了我们党对管党治党规律、反腐败斗争规律认识的进一步深化，为今后深入推进反腐败斗争提供了基本遵循。

——摘录自《始终保持反腐败斗争的执着和韧劲》，
许传智，《人民日报》，2018 年 4 月 20 日

坚持真理、修正错误，勇于自我革命，持之以恒克服消极腐败危险，这是我们这个马克思主义政党同世界上其他政党的本质区别之一，也是我们党突出的政治优势。世界上还有哪个政党像中国共产党这样，97 年来始终如一地抓作风建设和反腐败斗争？我们党敢于旗帜鲜明地指出自己面临着消极腐败危险，依靠并发动人民群众同消极腐败现象作坚决斗争，勇于自我革命，从严管党治党。这成为党领导人民不断取得革命、建设和改革胜利的重要经验。

——摘录自《以伟大自我革命消除腐败（思想纵横）》，
步超，《人民日报》，2018 年 5 月 20 日

践行提醒

一是在思想上要始终做到自省。要坚定理想信念，牢固树立正确的世界观、人生观和价值观。纵观那些走上违纪违法道路的党员干部，很多人并不是一开始进入干部队伍就要搞腐败的，开始的时候还都是挺好的，后来理想信念逐渐发生动摇，思想上开始蜕化变质，生活上也就腐化堕落了。共产主义理想信念是我们党的精神支柱和灵魂，丧失了理想信念就会失去精神支柱，失去灵魂。党员领导干部不廉洁，不仅会使党在群众中的形象受到扭曲和破坏，而且会使党、国家和人民的利益受到损害。因此，党员领导干部要坚定共产主义理想信念，不断锤炼自己的世界观、人生观和价值观，牢记全心全意为人民服务的宗旨，自重、自律、自醒，排除非分之想，常怀律己之心，常修为官之德，才能筑牢拒腐防变的思想防线，才能抵御各种腐朽思想的侵蚀。

二是在权力上要始终做到自重。要正确看待权力，慎重使用权利。权力是一把双刃剑，在职责范围内正确行使权力，恪尽职守，对党、对国家、对人民都是一种贡献，对自己也是一种肯定。如果失职渎职滥用职权，甚至以权谋私、贪污腐败，对党、对国家、对人民则是一种犯罪，最终也会毁了自己。作为党员领导干部要想清楚权力是谁给的，不要以为是能力强自己争取来的，权力是人民给的。人民群众把权力给你，是让你为人民群众谋福利的，如果你妄用权力只想着为自己服务，人民群众一样可以让你失去权力。党员领导干部必须明白，滥用权力必将受到制裁，要时刻不忘权为民所用、利为民所谋、情为民所系。

三是在生活上要始终做到自节。牢记艰苦奋斗精神，保持健康生活情趣。艰苦奋斗的精神，是我们党在长期的革命和建设实践中形成的一种宝贵精神。近些年，大家生活改善了，物质条件提高了，但这并不代表就不需要艰苦奋斗了。有一些党员领导干部，正是因为淡忘了艰苦奋斗，只顾贪图享受，热衷于追求个人和小家庭的安乐，从而抛弃党纪法规，走上贪污腐化甚至违法犯罪的道路。艰苦奋斗实质上是一种廉政的表现，作为党员领导干部，一定要发扬艰苦奋斗的优良作风，养成积极健康的生活情趣，从自身做起，从身边的每一件事做起，严格遵守廉洁自律的有关规定，耐得住艰苦，抵得住诱惑，堂堂正正做人，清清白白为官。

四是在纪律上要始终做到自警。遵纪守法，廉洁自律，是党员领导干部必须具备的品格，也是党和人民对党员领导干部的起码要求。要认真学习党纪政纪，增强政策和纪律观念，严格遵守党纪国法，自觉从小事做起，从点滴做起，时刻检点自己的言行，从严自律，管住自己。古往今来贪腐者从不缺钱，缺的是自重、自省、自警、自励。许多铸成大错的党员干部反省自己一步步走向堕落罪恶过程，大都是从一些不起眼的小便宜、小利益开始，慢慢地私欲膨胀，不顾党员领导干部的基本原则，不顾党纪国法，心存侥幸，放松要求，逐步陷入不可自拔的境地。我们要时刻以《廉洁自律准则》和《纪律处分条例》为准绳，防微杜渐，警钟长鸣，坚决不触底线，不越红线。

五是在言行上要始终做到自律。规范自身行为，自觉接受监督。党组织和群众的监督是一面很好的镜子，经常照一照，检查自己的缺点和不足，及时加以纠正，对自己的成长进步大有裨益。自觉接受监督是抵制各种不正之风的天然屏障，是防止权力失控和行为失范的有力抓手，是提升拒腐防变能力的有效手段。要正确对待监督，把来自方方面面的批评和监督，看作对自己的一种警诫、一面镜子。“良药苦口利于病，忠言逆耳利于行”，常听逆耳之言，可使头脑保持清醒，做到清廉自守。任何人都没有不受监督的特权，要加大党务、政务公开力度，切实保障群众的知情权、监督权，充分发挥监督的作用，确保权力在阳光下运行。

20　面对新的形式主义、官僚主义敢于坚决斗争

重要背景

2017 年 12 月，习近平在新华社文章《形式主义、官僚主义新表现值得警惕》上作出重要批示，指出，反映的情况“再次表明‘四风’问题具有顽固性反复性。纠正‘四风’不能止步，作风建设永远在路上”。

2018 年 11 月，习近平在十九届中央政治局第十次集体学习时强调，“痕迹管理”“文山会海”及检查考核名目繁多、频率过高、多头重复等问题，既占用干部大量时间、耗费大量精力，又助长了形式主义、官僚主义，这种状况必须改变。

2018 年 11 月，中央纪委办公厅印发《关于贯彻落实习近平总书记重要指示精神　集中整治形式主义、官僚主义的工作意见》，全面启动集中整治新形势下的形式主义、官僚主义工作。

毛泽东说，形式主义害死人。他在领导开辟中央革命根据地的过程中，就从世界观和方法论的深层次上严厉批判形式主义。1930 年，在《反对本本主义》中，毛泽东指出：“不根据实际情况进行讨论和审察，一味盲目执行，这种单纯建立在‘上级’观念上的形式主义的态度是很不对的。为什么党的策略路线总是不能深入群众，就是这种形式主义在那里作怪。”

1942 年至 1945 年的延安整风运动，大力反对主观主义以及形式主义、官僚主义，增强了干部的群众观念，加强了党的作风建设。毛泽东还说过，要把官僚主义这个极坏的家伙抛到粪缸里去，因为没有一个同志喜欢它。

1980 年 8 月，邓小平在《党和国家领导制度的改革》一文中指出官僚主义现象主要表现和危害是“高高在上，滥用权力，脱离实际，脱离群众，好摆门面……”

开放论述

反对新的形式主义、官僚主义，就是在贯彻落实党的路线方针政策、中央重大决策部署方面，重点整治严重影响党中央权威和集中统一领导、影响中央政令畅通的形式主义、官僚主义的突出问题；在联系群众、服务群众方面，重点整治群众身边特别是群众反映强烈的形式主义、官僚主义突出问题；在履职尽责、服务经济社会发展方面，重点整治不担当、不作为、慢作为、乱作为、假作为等严重影响改革发展高质量的突出问题；在学风会风文风及检查调研方面，重点整治频次过多过滥、浮于表面等突出问题。

形式主义、官僚主义同我们党的性质宗旨和优良作风格格不入，是我们党的大敌、人民的大敌。党的十八大以来，习近平针对反对形式主义和官僚主义，多次强调“空谈误国，实干兴邦”“踏石留印，抓铁有痕”“刮骨疗毒，壮士断腕”“善始善终，善作善成”。党中央制定了关于改进工作作风、密切联系群众的八项规定。经过不懈努力，面上的奢靡享乐之风基本刹住，群众反映强烈的突出问题得到有效遏制，不正之风惯性得以扭转。我们党用实际行动兑现了庄严承诺，赢得了党心民心，刹住了一些过去被认为不可能刹住的歪风邪气，攻克了一些过去司空见惯的顽瘴痼疾，使作风建设成为党的建设一张亮丽名片，并带动了社会风气整体好转。可以说，中央八项规定改变了中国，在全面从严治党历史进程中写下了浓墨重彩的一笔，赢得了党心民心。然而，随着时间的推移，虽然党员领导干部明目张胆地搞“四风”越来越少，但隐形“四风”问题却有所反弹，特别是形式主义、官僚主义产生了“新变种”，穿上“隐身衣”、披上“新马甲”，走进了“青纱帐”。对此，全党上下要予以高度警惕。

当前形式主义、官僚主义的新表现主要有以下方面：一是对贯彻落实中央重大决策部署表态多、调门高，行动少、落实差。二是调查研究“身入”而不“心至”，搞形式、摆花架子、走过场。三是干事创业不担当、不作为、慢作为、乱作为、假作为。四是督查考核“一刀切、一锅煮”，名目繁多、频率过高、多头重复。还有痕迹主义，疲于应付；为学而学，自欺欺人；标新立异，虚无创新；会议扎堆，分身乏术；日常检查，前仆后继；等等。

形式主义和官僚主义问题，确实“看似新表现，实则老问题”。种种形式主义、官僚主义的新表现，不仅贻误工作、劳民伤财，更从根子上背离了党性、丢掉了宗旨，最终会损害党群干群关系、严重影响党的形象和公信力。如果放任其发展，形式主义、官僚主义会像一堵无形的墙把我们党和人民群众隔开，使我们党失去根基、失去血脉、失去力量。形式主义、官僚主义问题由来已久、成因复杂，而且受到历史文化、传统观念、社会习俗等因素影响，不是一朝一夕就能彻底解决，也不可能一劳永逸，我们必须警钟长鸣，久久为功。因此，整治形式主义、官僚主义要抓住主要矛盾，既解决老问题，也察觉新问题；既解决显性问题，也解决隐性问题；既解决表层次问题，也解决深层次问题，下更大功夫持之以恒抓下去。在实践中一旦发现形式主义和官僚主义问题，要及时解决处理，并对相关责任人进行惩处，及时曝光警示教育全党全国。

集中整治新的形式主义、官僚主义，一针见血、切中时弊，内涵丰富、要求明确，再次向全党全国人民释放以习近平同志为核心的党中央坚定不移全面从严治党、驰而不息改进作风、持之以恒正风肃纪的强烈信号和鲜明态度，再次表明坚决整治新出现的形式主义、官僚主义的坚定决心。它对于全党深入学习贯彻党的十九大精神，加强党的作风建设，坚决铲除党内毒瘤，更好履行党的宗旨、初心和使命，具有重要意义。

名篇摘录

庄德水：形式主义、官僚主义同我们党的性质宗旨和优良作风格格不入，是我们党的大敌、人民的大敌，其本质是不讲政治、党性缺失，表面上维护党中央权威和集中统一领导，表面上令行禁止，但表态多调门高、行动少落实差，阳奉阴违、自行其是，对党中央决策部署打折扣、做选择，其行为本身仍是我行我素、选择变通。

刘明芝：形式主义、官僚主义既是作风问题，更是严肃的政治问题。要认真学习贯彻习近平总书记关于反对形式主义、官僚主义一系列重要论述和重要指示精神，认真落实十九届中央纪委三次全会精神，提高政治站位和政治觉悟，把集中整治形式主义、官僚主义作为重要政治任务，切实抓紧抓好。

——摘录自《力戒形式主义官僚主义是重要政治任务》，
《光明日报》，2019 年 2 月 11 日

形式主义、官僚主义问题涉及面广，表现形式多样，但说到底，作风问题根本上还是党性问题。那些出了问题的党员领导干部正是因为党性修养放松、宗旨意识淡薄，价值观、权力观和政绩观出现偏差，才会耍弄自欺欺人的把戏，惯出颐指气使的官气。解决形式主义、官僚主义问题，根本在坚定理想信念，关键在抓好党员领导干部，主体责任在各级党组织及其主要负责人，抓手在具体问题上。

——摘录自《向形式主义官僚主义“开刀”》，
记者闫鸣，《中国纪检监察报》，2017 年 12 月 12 日

践行提醒

要把整治新形势下的形式主义、官僚主义作为一项重要的政治任务，作为正风肃纪、反对“四风”的首要任务、长期任务，摆在更加突出位置。要认真组织党员干部学习习近平关于反对新的形式主义和官僚主义的重要指示精神，深刻领会指示的内容和精神实质；要在民主生活会和组织生活会上，认真查找形式主义、官僚主义的新表现，采取过硬措施，坚决加以整改，务求取得实效；要坚持从各级领导干部做起，以上率下、层层带动，在“不忘初心、牢记使命”主题教育中，力戒形式主义、官僚主

义，坚决防止不良风气反弹回潮。

当前我们党正在开展的“不忘初心、牢记使命”主题教育要以问题为导向，同一切影响党的先进性、弱化党的纯洁性的问题作坚决斗争，自然也要同形式主义、官僚主义作坚决斗争。这次主题教育根据新时代党的建设任务、针对党内存在的突出问题、结合这次主题教育的特点，提出了“守初心、担使命，找差距、抓落实”的总要求。将这一总要求贯穿主题教育全过程，必须力戒形式主义、官僚主义，坚决杜绝学习教育时蜻蜓点水、浅尝辄止，不入脑、不入心；调查研究时“出发一车子、开会一屋子、发言念稿子”，搞“作秀式”调研；检视问题时大而化之、隔靴搔痒，避重就轻、避实就虚；整改落实时虎头蛇尾、久拖不决，甚至搞纸上整改、虚假整改。必须扎扎实实推进学习教育、调查研究、检视问题、整改落实，让形式主义和官僚主义无处遁形，真正实现理论学习有收获、思想政治受洗礼、干事创业敢担当、为民服务解难题、清正廉洁作表率的具体目标。

习近平指出，“当前形式主义、官僚主义依然突出，又有新的表现形式。要把力戒形式主义、官僚主义作为加强作风建设的重要任务，大力弘扬真抓实干作风”。在“不忘初心、牢记使命”主题教育中力戒形式主义、官僚主义，首先要扎扎实实抓好理论学习。注重在学深悟透和融会贯通中深入理解习近平新时代中国特色社会主义思想和党中央大政方针，增强贯彻落实习近平新时代中国特色社会主义思想的自觉性和坚定性。通过深入学习真正实现理论学习有收获、思想政治受洗礼，根除导致形式主义、官僚主义的思想根子问题。其次要发挥领导干部的表率作用。领导干部是“火车头”“领头雁”，领导干部这个“关键少数”在主题教育中先学一步、学深一点，先改起来、改实一点，同时担负好领导指导责任，就能一级带一级，有力压制形式主义、官僚主义。再次要真刀真枪解决实际问题。牢固树立问题意识、始终坚持问题导向，是整治形式主义、官僚主义的有效举措。广大党员、干部在主题教育中要了解民情、掌握实情，把问题找实、把根源挖深，拿出破解难题的实招、硬招，对症下药解决好问题。

整治形式主义、官僚主义必须聚焦突出问题，以行动释放信号、引领新风。对待一些形式主义的不当问责案例，我们必须坚持实事求是原则，及时纠正问责随意化、简单化、粗暴化的倾向。上面千条线，下面一根针。各级领导要充分考虑基层工作的不易，坚决摒弃形式主义、官僚主义及其衍生的种种新陋习，严格控制各级开展监督检查、索要材料报表的总量和频次，减轻基层负担，让基层干部轻装前行，把更多的时间用在抓工作落实上来，以良好的作风推动各项工作取得扎扎实实的成效。

21　面对特权思想和特权现象敢于坚决斗争

重要背景

习近平指出："任何组织或者个人，都不得有超越宪法和法律的特权。"2013 年 7 月 11 日、12 日，习近平在河北调研指导党的群众路线教育实践活动时的讲话指出："官僚主义实质是封建残余思想作祟，根源是官本位思想严重、权力观扭曲，做官当老爷，高高在上，脱离群众，脱离实际。"

2017 年 12 月 27 日，习近平主持召开中央政治局会议决定召开十九届二中全会、研究部署党风廉政建设和反腐败工作，在讲话中指出："要徙木立信、以上率下，锲而不舍落实中央八项规定精神，一个节点一个节点坚守，一个问题一个问题解决，抓具体、补短板、防反弹，重点纠正形式主义、官僚主义问题，坚决反对特权思想、特权现象，使党员干部知敬畏、人民群众有信心。"

2018 年 1 月 11 日，习近平在十九届中央纪委二次全会上发表重要讲话时强调："加强作风建设必须紧扣保持党同人民群众血肉联系这个关键。领导干部要坚决反对特权思想、特权现象，保持对人民的赤子之心，坚持工作重心下移，扑下身子深入群众，面对面、心贴心、实打实做好群众工作，着力解决群众反映强烈的突出问题。"

党的主要领导人十分重视反对特权腐化问题，毛泽东一直保持艰苦朴素的作风，严格管束子女亲友，从不以权谋私，他反对一切工作人员利用职权享受任何特权。1956 年 11 月，他在中共八届中央委员会第二次全体会议的讲话中指出："我们一定要警惕，不要滋长官僚主义作风，不要形成一个脱离人民的贵族阶层。谁犯了官僚主义，不去解决群众的问题，骂群众，压群众，总是不改，群众就有理由把他革掉。”

1958 年 1 月，毛泽东在其主持制定的《工作方法六十条（草案）》中特意设置了两条：“全党要鼓起干劲，打掉官风，实事求是，同人民打成一片，尽可能地纠正一切工作上、作风上、制度上的缺点和错误。”“以真正平等的态度对待干部和群众。……决不许可摆架子。一定要打掉官风。”同年 5 月 20 日，在中共第八次全国代表大会第二次会议上指出：“官气是一种低级趣味，摆架子、摆资格、不平等待人、看不起人，这是最低级的趣味，这不是高尚的共产主义精神。以普通劳动者的姿态出现，则是一种高级趣味，是高尚的共产主义精神。”

1980 年 8 月 18 日，邓小平在中共中央政治局扩大会议上的讲话《党和国家领导制度的改革》中指出，一些干部“不把自己看作是人民的公仆，而把自己看作是人民的主人，搞特权，特殊化，引起群众的强烈不满，损害党的威信，如不坚决改正，势必使我们的干部队伍发生腐化。我们今天所反对的特权，就是政治上经济上在法律和制度之外的权利。搞特权，这是封建主义残余影响尚未肃清的表现”。“克服特权现象，要解决思想问题，也要解决制度问题。公民在法律和制度面前人人平等，党员在党章和党纪面前人人平等。人人有依法规定的平等权利和义务，谁也不能占便宜，谁也不能犯法。”“要有群众监督制度，让群众和党员监督干部，特别是领导干部。凡是搞特权、特殊化，经过批评教育而又不改的，人民就有权依法进行检举、控告、弹劾、撤换、罢免，要求他们在经济上退赔，并使他们受到法律、纪律处分。”

开放论述

特权，字面意思是特殊的权力，它包含两方面意思，一是基于正义的特殊权利，如军队和司法部门的强制权、弱势群体的特殊保障权等；二是不正当的法外特权，我们应该反对和斗争的就是这种法外特权。特权思想和特权现象是指党员和领导干部、各级党政机关获取和实现除了法律和政策规定范围内的个人利益、部门利益和工作职权以外的私利和不正当权力而产生的思想和行为，是个人或小集团凭借经济势力、政治地位、公共权力与身份地位所享有的超越法律制度规范的特殊权力、特殊利益。特权思想和特权现象互为表里，特权思想是根源，特权现象源于特权思想。

特权思想和特权现象从根本上讲，源于一些领导干部理想信念出了问题，对权力的认识出现偏差和错误，视权力为身份地位的象征，认为自己比人民群众就是高出一等，从而为所欲为。其次，源于封建官本位思想认为自古就是等级森严，尊卑有别，“礼不下庶民，刑不上大夫”，这种思想根深蒂固，影响至今，受此影响的领导干部大有人在。再者，是社会发展不平衡不充分所致，市场机制在公共资源配置中的作用发挥不充分，给特权的产生带来一定空间。此外，与法制不健全、监督不到位也有很大的关系。权力缺乏有效的制约，即使处罚也软弱无力，导致一些领导干部钻法制和监督的空子，将手中的权力异化为谋取私利的特权。

特权思想和特权现象主要表现大体有以下几个方面：一是思想上妄自尊大。放纵行使权力，把权力当成私器，当成身份、等级、荣誉、地位和权势的资本。认为自己是领导，应该获得比普通百姓更高、更好、更特殊的照顾和待遇，与自己相关的事情上只能受益，不能吃亏。二是工作上唯我独尊。搞一言堂，不遵守民主集中制，决策上一人说了算，听不得不同声音，用人任人唯亲，别人不能有不同意见，事事都要伸手，把公共权力作为中饱私囊的工具。三是制度上以权压法。随意破坏组织纪律和规则程序，公共权力私有化，不按法规和制度办事，有令不行、有禁不止，假公济私、以权谋私，随意执法、执法犯法，利用权力为人谋事、谋官、拉关系。四是待遇上奢侈攀比。讲究排场和特殊享受，甚至炫耀权势，超标用车，超标用房，公款大吃大喝，职务消费过度，创造特殊待遇，虚假列支超标消费。五是作风上简单粗暴。为人民服务的态度不端正，在群众面前总是高高在上的姿态，门难进、人难找、脸难看、话难听、事难办，对群众抖威风、要特权。

特权思想与特权现象，两者互相助长，滋生蔓延，少数权力拥有者为了一己私利而滥用权力，颠倒权力行使的目的、无视权力行使的范围、扭曲权力行使的初衷，严重违背执政为民的理念，不仅脱离群众，危害社会公平，还会破坏民主集中制，影响决策的正确性，破坏党在人民群众心中的光辉形象，动摇党的执政基础。一是破坏党群关系。特权者以权谋私，势必使民众和官员之间形成怀疑甚至是对立的状态，伤害群众感情，损害党的威信。二是危害公平正义。如果社会体系被特权观念笼罩，人们的关系被权力关系裹胁，社会将缺乏起码的公平正义、民主法治、自由平等。三是破坏社会风气。特权现象不加以遏制，将助长权力崇拜，将使人们迷失正确的人生观、价值观，败坏社会道德，污染社会风气。四是造成制度扭曲。随着特权现象的滋生和蔓延，特权阶层会利用自己强大的政治、经济实力引导新闻舆论，影响公共政策，进而阻滞改革创新，扭曲社会制度。

权力不仅是一种政治责任，也是一种社会责任。我们党历来反对特权思想，毛主席就曾告诫党员干部“我们一定要警惕，不要滋长官僚主义作风，不要形成一个脱离人民的贵族阶层。”特权思想、特权现象，与党的宗旨格格不入，绝不仅仅是党风政风问题，更关系社会的公平正义；绝不仅仅是财富分配问题，更关系党和国家的前途命运。习近平总书记在中纪委十八届二中全会上指出：“反腐倡廉建设，必须反对特权思想、特权现象。共产党员永远是劳动人民的普通一员，除了法律和政策规定范围内的个人利益和工作职权以外，所有共产党员都不得谋求任何私利和特权。这个问题不仅是党风廉政建设的重要内容，而且是涉及党和国家能不能永葆生机活力的大问题。”党的十八大以来，以习近平同志为核心的党中央旗帜鲜明地反对特权思想，取得了良好成效，但仍有部分人搞“两面派”，面上抵制特权，背地里享受特权。所有共产党员，除了法律和政策规定范围内的个人利益和工作职权，都不应该谋求私利和特权。所有党员干部都应该摆正权与法、公与私的关系，坚决与以言代法、以权压法、徇私枉法的特权现象做斗争，不断激发党内清气、涵养社会正气。

名篇摘录

对于执政党而言，其成员能否遵章守纪，不搞特权，关乎人心向背、民心得失、事业成败，事关党和国家的兴衰存亡。“政在去私，私不去则公道亡”。一个国家如果特权盛行，当政者耽于谋私、忙于“自肥”，则势必失信于天下而导致亡国。苏联覆亡的重要原因之一，就在于执政党内部形成了庞大的特权阶层，领导者享受种种特权，严重脱离群众，导致失去人民群众的支持拥护。以史为鉴，我们应该时刻保持高度警觉，牢记党的宗旨，铲除特权思想，守住做人处事的底线。

——摘录自《警惕特权思想常怀“赶考”心态》，
包国俊、陈东恒，《解放军报》，2013 年 4 月 21 日

特权思想的根源主要来源于以下方面。

封建思想。封建社会讲究尊卑有序、上下有别，其严格的等级制度，烙下深深的特权烙印。中国两千多年的封建思想绵延至今，其宗法制度、官本位、等级制度等封建糟粕，仍然不同程度地影响着世人的思想观念和行为，不仅造就了一些干部高人一等的优越感，也滋养着特权思想生长蔓延。

享乐思想。一些干部理想信念缺失，纪律、宗旨意识淡薄，认为享乐是人生最重要的追求，信奉“人生在世，享乐二字”“人生得意须尽欢，莫使金樽空对月”。

居功心理。一些干部认为自己对党、对人民、对事业有贡献、有功劳，搞点特殊也是理所应当的，吃点、喝点、用点、占点算不得什么。

炫耀心理。现实生活中确有一些干部及其家属有一种优越感，而且故意张扬、放大，唯恐他人感知不到，以别人羡慕嫉妒的眼神来满足自己的虚荣心，炫富、炫爹而致引火烧身、东窗事发者不乏其人。

——摘录自《旗帜鲜明反对特权思想特权现象》，
王长久，《中国纪检监察报》，2018 年 5 月 31 日

践行提醒

一要常怀敬畏权力之心。为政之要，贵在廉洁；为官之要，贵在官德。领导干部要加强修养，陶冶情操，树立正确的世界观、人生观、价值观和权力观、利益观、群众观，认清权为民赋、权为民用、利为民谋、为政不私的道理，做到自重、自省、自警、自励。权力来自人民，领导干部务必掌好权、用好权，自觉接受人民群众监督，真正为人民群众谋福利。要不断增强党性修养，始终保持对特权思想和特权现象的警觉性，敬畏人民、敬畏权力、敬畏法制，防止特权思想和特权现象滋长蔓延。

二要不断强化制度约束思维。树立法律面前人人平等、制度面前没有特权、制度约束没有例外的意识。坚持依法依规办事，严格执行民主集中制，不断完善各类规章制度，自觉把权力关进制度的笼子，任何时候都不搞特权。大力加强和完善单位内部规范化、制度化、程序化建设。大力推进领导干部行为规范，做到人人有准则，事事有章法。大力推进议事规则和重大事项审议清单，凡属“三重一大”事项，均集体决策，摆到桌面上研究讨论。大力推进职责具体化，明确每个岗位的职责，踏实做好分内的事。大力推进管理制度化，所有工作流程有章可循，减少办事难度，缩小权力寻租空间。

三要不断深化反腐倡廉教育。思想是行动的先导，要用常态化的教育为领导干部的思想提醒和把关。通过开展中央八项规定的学习、党的群众路线教育、“两学一做”学习教育、“不忘初心、牢记使命”主题教育等，牢固树立党员领导干部“立党为公，执政为民”的思想理念。坚持教育的经常性，注重教育的针对性，突出教育的实效性，有针对性地开展理想信念、廉政法规、示范和警示教育，积极发挥示范引领作用，使广大领导干部做到，为政清廉守党员之本，秉公用权尽公仆之责，铲除滋生特权的土壤和条件，形成倡廉肃贪的社会氛围。

四要大力完善监督制度。坚决落实领导干部廉洁从政的相关规定，改进对领导干部公务活动等方面的监督管理，加强对重点环节和重点部位权力行使情况的监督，减少不当行使权力的空间和条件。严格落实党风廉政建设责任制，党政主要负责人切实履行第一责任人职责，班子成员履行“一岗双责”，确保权力运行到哪里，监督就延伸到哪里。大力推进党务政务公开，所有党务政务自觉接受群众监督。大力推进纪检监察“双重领导”体制，确保纪检监察的相对独立性，甚至可考虑纪检监察人员推行委派制，防止“双重领导”流于形式。

五要不断加大特权惩治力度。权力不加以约束就会滋生腐败，特权必然导致腐败。要坚持有腐必反、有贪必肃、有特权必打。要善于运用监督执纪四种形态，严肃纪律，严格惩处，经常开展批评和自我批评、约谈函询，让红脸出汗成为常态，领导干部互相多提醒。对于利用特权谋取不正当利益等违纪情况，该轻处分的轻处分，该重处分的重处分，严重违纪涉嫌违法的必须立案审查，给人民群众一个满意的交代。对特权现象的惩治，要避免“失之于宽、失之于软”，切实做到惩恶扬善，增强惩处的威慑力，使领导干部不敢犯错误，不敢与民争利。

六要不断探索改进监督新途径。把党内监督、人大监督、群众监督、法律监督、舆论监督、网络监督等有机结合起来，整合资源、延伸监督线，扩大监督面，形成监督合力，让权力在阳光下运行。积极探索科技防范手段，充分利用现代信息科技网络技术，实行政务在网上公开、审批在网上运行、资源在网上交易、资金在网上流通、监督在网上实施，有效铲除特权暗箱操作空间。

22　面对危害政治安全的风险挑战敢于坚决斗争

重要背景

2013年11月9日，习近平在《关于〈中共中央关于全面深化改革若干重大问题的决定〉的说明》中指出，国家安全和社会稳定是改革发展的前提。只有国家安全和社会稳定，改革发展才能不断推进。当前，我国面临对外维护国家主权、安全、发展利益，对内维护政治安全和社会稳定的双重压力，各种可以预见和难以预见的风险因素明显增多。而我们的安全工作体制机制还不能适应维护国家安全的需要，需要搭建一个强有力的平台统筹国家安全工作。设立国家安全委员会，加强对国家安全工作的集中统一领导，已是当务之急。

2014年4月15日，习近平在中央国家安全委员会第一次会议上发表重要讲话中指出，增强忧患意识，做到居安思危，是我们治党治国必须始终坚持的一个重大原则。我们党要巩固执政地位，要团结带领人民坚持和发展中国特色社会主义，保证国家安全是头等大事。他强调，要准确把握国家安全形势变化新特点新趋势，坚持总体国家安全观，走出一条中国特色国家安全道路。

2014年4月25日，习近平在十八届中央政治局第十四次集体学习时的讲话时强调，面对新形势新挑战，维护国家安全和社会安定，对全面深化改革、实现“两个一百年”奋斗目标、实现中华民族伟大复兴的中国梦都十分紧要。

2015年12月11日，习近平在全国党校工作会议上的讲话时强调，中国是一个大国，决不能在根本性问题上出现颠覆性错误，一旦出现就无法挽回、无法弥补。要防止出现颠覆性错误，就要深入认识共产党执政规律、社会主义建设规律、人类社会发展规律，而要认识规律，就要牢牢掌握和运用辩证唯物主义和历史唯物主义，牢牢掌握和运用中国特色社会主义理论体系。

2016 年 7 月 1 日，习近平在庆祝中国共产党成立 95 周年大会上的讲话时强调，党的十八大指出，坚持和发展中国特色社会主义是一项长期而艰巨的历史任务，必须准备进行具有许多新的历史特点的伟大斗争。这就告诫全党，要时刻准备应对重大挑战、抵御重大风险、克服重大阻力、解决重大矛盾，坚持和发展中国特色社会主义，坚持和巩固党的领导地位和执政地位，使我们的党、我们的国家、我们的人民永远立于不败之地。

在党的十九大报告中，习近平强调，全党要更加自觉地坚持党的领导和我国社会主义制度，坚决反对一切削弱、歪曲、否定党的领导和我国社会主义制度的言行；更加自觉地维护人民利益，坚决反对一切损害人民利益、脱离群众的行为；更加自觉地投身改革创新时代潮流，坚决破除一切顽瘴痼疾；更加自觉地维护我国主权、安全、发展利益，坚决反对一切分裂祖国、破坏民族团结和社会和谐稳定的行为；更加自觉地防范各种风险，坚决战胜一切在政治、经济、文化、社会等领域和自然界出现的困难和挑战。全党要充分认识这场伟大斗争的长期性、复杂性、艰巨性，发扬斗争精神，提高斗争本领，不断夺取伟大斗争新胜利。并强调，坚持总体国家安全观。统筹发展和安全，增强忧患意识，做到居安思危，是我们党治国理政的一个重大原则。必须坚持国家利益至上，以人民安全为宗旨，以政治安全为根本，统筹外部安全和内部安全、国土安全和国民安全、传统安全和非传统安全、自身安全和共同安全，完善国家安全制度体系，加强国家安全能力建设，坚决维护国家主权、安全、发展利益。

2017 年 10 月 25 日，习近平在党的十九届一中全会上的讲话中强调，中央委员会的每一位同志都要旗帜鲜明讲政治，自觉以马克思主义政治家的标准严格要求自己，找准政治站位，增强政治意识，强化政治担当。要注重提高政治能力，特别是把握方向、把握大势、把握全局的能力和保持政治定力、驾驭政治局面、防范政治风险的能力。

2018 年 1 月 5 日，习近平在新进中央委员会的委员、候补委员和省部级主要领导干部学习贯彻习近平新时代中国特色社会主义思想和党的十九大精神研讨班的讲话时强调，“备豫不虞，为国常道”。当前，我国正处于一个大有可为的历史机遇期，发展形势总的是好的，但前进道路不可能一帆风顺，越是取得成绩的时候，越是要有如履薄冰的谨慎，越是要有居安思危的忧患，绝不能犯战略性、颠覆性错误。面对波谲云诡的国际形势、复杂敏感的周边环境、艰巨繁重的改革发展稳定任务，我们既要有防范风险的先手，也要有应对和化解风险挑战的高招；既要打好防范和抵御风险的有准备之战，也要打好化险为夷、转危为机的战略主动战。我们要继续进行具有许多新的历史特点的伟大斗争，准备战胜一切艰难险阻，朝着我们党确立的伟大目标奋勇前进。

2019 年 9 月 3 日，习近平在秋季学期中央党校（国家行政学院）中青年干部培训班开班式上发表重要讲话强调，共产党人的斗争是有方向、有立场、有原则的，大方向就是坚持中国共产党领导和我国社会主义制度不动摇。凡是危害中国共产党领导和我国社会主义制度的各种风险挑战，凡是危害我国主权、安全、发展利益的各种风险挑战，凡是危害我国核心利益和重大原则的各种风险挑战，凡是危害我国人民根本利益的各种风险挑战，凡是危害我国实现“两个一百年”奋斗目标、实现中华民族伟大复兴的各种风险挑战，只要来了，我们就必须进行坚决斗争，而且必须取得斗争胜利。

据毛泽东的卫士长李银桥回忆，1953 年 7 月 27 日朝鲜停战协定签字的消息传到北京，毛泽东非常高兴，在中南海的院子里清唱了一曲京戏。接着他又对身边的卫士说：“我们可以脱军衣了，我脱，你们也脱。”脱下军衣，说明他内心的一些忧虑和担心解除了，最起码新中国当时面临的重大安全威胁暂时解除了，已经在思考国家战略重点转移。早在 1950 年 8 月 4 日，毛泽东在中共中央政治局会议上说：如果美帝得胜，就会得意，就会威胁我国。

战后毛泽东第一次比较系统地评价抗美援朝，是在 1953 年 9 月 12 日召开的中央人民政府委员会第二十四次会议上。这次会议听取彭德怀《关于中国人民志愿军抗美援朝工作的报告》。毛泽东发表讲话，指出："抗美援朝战争的胜利是伟大的，是有很重要的意义的。"他主要讲了四条意义，其中第一条就是"和朝鲜人民一起，打回到三八线，守住了三八线"。他说："如果不打回三八线，前线仍在鸭绿江和图们江，沈阳、鞍山、抚顺这些地方的人民就不能安心生产。"

新中国经过抗美援朝争取苏联的信任，巩固中苏同盟，获得新中国建设所需的经济援助和安全保障。抗美援朝战争已经过去 60 多年了，历史已经充分证明了毛泽东对抗美援朝评价的正确性。20 世纪 50 年代初，以毛泽东同志为代表的共产党人坚决反对外敌侵略和威胁，维护新中国安全和主权，加强中苏同盟关系，保障新生政权巩固的战略意图在抗美援朝中得以实现。这场战争的胜利，使中国的东北边疆得到巩固，美帝国主义从此不敢轻易地进行欺侮和侵犯中国的尝试，为我国的经济建设和社会改革赢得了一个较长时期的和平环境。

邓小平曾指出："国家的主权、国家的安全要始终放在第一位。"在霸权主义和强权政治依然存在的情况下，维护国家利益，维护国家主权和安全，最终要靠自己拥有能够遏制战争和抵御侵略的强大军事力量。

开放论述

习近平在中央国家安全委员会第一次全体会议上首次提出总体国家安全观重大战略思想，这是以习近平同志为核心的党中央对国家安全理论的重大创新，是新形势下维护和塑造中国特色大国安全的行动指南，具有重大的时代意义、理论意义、实践意义和世界意义。成立国家安全委员会，是推进国家治理体系和治理能力现代化、实现国家长治久安的迫切要求，是全面建成小康社会、实现中华民族伟大复兴中国梦的重要保障，目的就是更好适应我国国家安全面临的新形势新任务，建立集中统一、高效权威的国家安全体制，加强对国家安全工作的领导。

国家安全涵盖领域十分广泛，在党和国家工作全局中的重要性日益凸显。我们正在推进具有许多新的历史特点的伟大斗争、党的建设新的伟大工程、中国特色社会主义伟大事业，时刻面对各种风险考验和重大挑战。这既对国家安全工作提出了新课题，也为做好国家安全工作提供了新机遇。国家安全工作归根结底是保障人民利益，要坚持国家安全一切为了人民、一切依靠人民，为群众安居乐业提供坚强保障。

所谓国家政治安全，就是国家主权、政权、政治制度以及意识形态等方面免受各种侵袭、干扰、威胁和危害的状态。国家政治安全在国家安全体系中居于最高层次和核心地位，是国家安全的根本，决定和影响着其他各领域的安全。如何确保国家政治安全，是当前和今后一个时期亟须我们深入研究和探索的重大理论课题和实践命题。

当前，我国正处在一个大有可为的历史机遇期，我国社会政治大局稳定。但当今世界正面临前所未有的大变局，我们国家政治安全也面临着暴力恐怖、民族分裂活动、宗教渗透和邪教破坏活动、网络政治安全等诸多风险挑战，而且呈现出风险波及范围从境外向境内传导、防境外渗透越来越成为维护国家政治安全的重要任务，风险影响空间从网上向网下延伸、网上斗争越来越成为维护国家政治安全的重要战场，风险表现形式从单一向融合转变、协同联动越来越成为维护国家政治安全的重要方式，风险诱发动力从利益驱动向价值驱动发展、回应新诉求越来越成为维护国家政治安全的重要导向等发展趋势。我们要“增强大局意识，防范风险挑战要一以贯之”。

新形势下我们面临的重大风险越来越复杂，呈现出许多新趋势新特点。当前值得我们高度重视的“六大效应”：一是“倒灌效应”。随着我国日益走近世界舞台中央，境外输入性风险日益增多，已成为影响我国安全稳定的外生变量。二是“合流效应”。各种敌对势力同流合污、勾联聚合，呈现“敌独合流”“内外合流”“新老合流”的“三个合流”新动向。三是“叠加效应”。重点领域群体利益诉求引发的各种社会矛盾交织叠加，现实问题与历史问题、实际利益问题与意识形态问题、政治性问题与非政治性问题交叉感染，极易形成风险综合体。四是“联动效应”。各类风险流动性加快、关联性增强，呈现出境内外互动、跨区域联动、跨群体聚合的新动向。五是“放大效应”。互联网日益成为各类风险的策源地、传导器、放大器，一件小事情都可能形成舆论漩涡，一些谣言传闻经煽动炒作，极易使“茶杯里的风暴”骤变为现实社会的“龙卷风”。六是“诱导效应”。一个地区发生的问题容易导致其他地区效仿。一些长期积累的深层次矛盾问题难以在短期内得到完全解决，如果持续发酵，在外部输入性风险的诱导下，就有可能升级放大。

我们要把履行好维护国家政治安全任务摆在首位，深入分析国家政治安全风险的危害特点和发展趋势，善于掌握政治安全风险的发生演变规律，赢得有效防范应对的战略主动。维护国家政治安全，最根本的使命就是“四个捍卫”：一是必须捍卫我们党长期执政地位；二是必须捍卫中国特色社会主义；三是必须捍卫马克思主义在意识形态领域的主导地位，四是必须捍卫中华民族伟大复兴历史进程。

我们必须有效维护国家安全。国家安全是安邦定国的重要基石，维护国家安全是全国各族人民根本利益所在。要完善国家安全战略和国家安全政策，坚决维护国家政治安全，统筹推进各项安全工作。健全国家安全体系，加强国家安全法治保障，提高防范和抵御安全风险能力。严密防范和坚决打击各种渗透颠覆破坏活动、暴力恐怖活动、民族分裂活动、宗教极端活动。加强国家安全教育，增强全党全国人民国家安全意识，推动全社会形成维护国家安全的强大合力。

要坚持党对国家安全工作的领导，是做好国家安全工作的根本原则。各地区要建立健全党委统一领导的国家安全工作责任制，强化维护国家安全责任，守土有责、守土尽责。要关心和爱护国家安全干部队伍，为他们提供便利条件和政策保障。当前我国国家安全内涵和外延比历史上任何时候都要丰富，时空领域比历史上任何时候都要宽广，内外因素比历史上任何时候都要复杂，必须坚持总体国家安全观，以人民安全为宗旨，以政治安全为根本，以经济安全为基础，以军事、文化、社会安全为保障，以促进国际安全为依托，走出一条中国特色国家安全道路。

“明者防祸于未萌，智者图患于将来。”我们必须积极主动、未雨绸缪，见微知著、防微杜渐，下好先手棋，打好主动仗，做好应对任何形式的矛盾风险挑战的准备，做好经济上、政治上、文化上、社会上、外交上、军事上各种斗争的准备，层层负责、人人担当。

名篇摘录

有安全的政治环境、稳定的社会环境、公正的法治环境、优质的服务环境，才有人民群众的获得感、幸福感、安全感。

——摘录自《人民日报评论员：更好维护政治安全社会安定人民安宁——论学习贯彻习近平总书记中央政法工作会议重要讲话》，本报评论员，《人民日报》，2019 年 1 月 17 日

新中国成立 70 年来，我国物质基础积累深厚，综合国力和国际影响力不断提高。新时代中国经济发展潜力和空间依然很大，应对外部冲击的能力不断增强，中国有信心、有决心、有能力应对各种风险挑战。

中国在应对风险挑战方面具有制度优势。

中国具备应对风险挑战的雄厚物质基础。

巨大的发展潜能为我国提供了应对外部挑战的有利条件。

稳中有进、稳中向好的发展态势不会改变。

——摘录自《中国有信心有能力应对各种风险挑战》，杜飞轮，人民网，2019 年 6 月 6 日

践行提醒

贯彻落实总体国家安全观，必须既重视外部安全，又重视内部安全，对内求发展、求变革、求稳定、建设平安中国，对外求和平、求合作、求共赢、建设和谐世界；既重视国土安全，又重视国民安全，坚持以民为本、以人为本，坚持国家安全一切为了人民、一切依靠人民，真正夯实国

家安全的群众基础；既重视传统安全，又重视非传统安全，构建集政治安全、国土安全、军事安全、经济安全、文化安全、社会安全、科技安全、信息安全、生态安全、资源安全、核安全等于一体的国家安全体系；既重视发展问题，又重视安全问题，发展是安全的基础，安全是发展的条件，富国才能强兵，强兵才能卫国；既重视自身安全，又重视共同安全，打造命运共同体，推动各方朝着互利互惠、共同安全的目标相向而行。

我们要学深悟透习近平总书记关于防范化解重大风险的重要论述“十大内涵”：一要增强防范化解重大风险的忧患意识。绝不能犯战略性、颠覆性错误，增强忧患意识、防范风险挑战要一以贯之。二要学深悟透防范化解重大风险的战略意义。三要学深悟透防范化解重大风险的目标任务。我们面临的风险既包括国内的经济、政治、意识形态、社会风险以及来自自然界的风险，也包括国际经济、政治、军事风险等。防范化解重大风险，首要任务是维护以党的执政安全和我国社会主义制度安全为核心的国家政治安全。四要学深悟透防范化解重大风险的政策策略。防范化解重大风险要坚持“稳定大局、统筹协调、分类施策、精准拆弹”的基本政策。五要学深悟透防范化解重大风险的基本规律。要认清各方面风险发展趋势和相互关联，敏锐把握风险传染、转化、联动规律。要注意防范经济金融风险转化成政治社会风险、网络空间风险酝酿成现实社会风险、对外斗争风险转化成内部安全稳定风险、国内问题被境外敌对势力利用风险，防止发生连锁反应。六要学深悟透防范化解重大风险的思维方法。要强化战略思维、历史思维、辩证思维、法治思维、底线思维，善于从纷繁复杂的风险矛盾中找到规律。七要学深悟透防范化解重大风险的斗争精神。要加强斗争历练，增强斗争本领，永葆斗争精神，以“踏平坎坷成大道，斗罢艰险又出发”的顽强意志，应对好每一场重大风险挑战。八要学深悟透防范化解重大风险的能力素质。要提高政治能力，增强政治敏锐性和鉴别力。要有见微知著能力，草摇叶响知鹿过、松风一起知虎来、一叶易色而知天下秋，见事早、行动快。九要学深悟透防范化解重大风险的机制体系。要建立健全风险研判机制，决策风险评估机制，风险防控协同机制，风险防控责任机制。十要学深悟透防范化解重大风险的落实要求。要坚持守土有责、守土尽责，层层传导压力，变压力为动力，把防范化解重大风险工作做实做细做好。

在斗争实践中，我们要明确防范化解政治安全风险“五重”基本策略：一是重在稳字。稳中求进是治国理政的重要原则，也是防范化解重大风险的基本遵循。要立足“稳”这个大局，牢牢把握稳中求进工作总基调，坚持全方位“稳”字当头，时刻绷紧防范风险这根弦，更加注重稳住社会面、稳住人心，确保国家安全和社会大局稳定。二是重在国内。统筹国际国内两个大局、以国内为主，是防范化解重大风险的主攻方向。要保持战略定力，把工作基点放在办好自己的事情上，树立人心安定是最大政治的理念，下大力气解决好人民群众切身利益问题，不断增强人民群众的获得感、幸福感、安全感，筑牢抵御各类风险的“压舱石”。三是重在抓早。抓早是防范风险产生现实危害的有效途径，也是以最小代价取得最大效果的重要策略。风险未发，要小心防范；一旦降临，就要及早化解。要立足于防范在先、发现在早、处置在小，把着眼点放在前置防线、前瞻治理、前端控制、前期处置上，强化预测预警预防，将矛盾消解于未然、将风险化解于无形。四是重在变量。减存量、控增量、防变量是防范化解风险的三大环节。鉴于新形势下风险多元多样多变，我们必须更加注意防变量。要坚持问题导向，有效化解历史遗留累积的存量问题，着力管控新形势下出现的增量问题，坚决遏制各类矛盾问题交叉感染叠加升级产生的变量问题，确保风险不累积、不扩散、不升级。五是重在治本。防范化解风险，必须坚持标本兼治、重在治本。要透过现象看本质，善于抓住源头、抓住要害，实行综合治理，从根本上解决风险背后的深层次问题。要克服头痛医头、脚痛医脚的不良倾向，防止解决问题不彻底留下后患，导致反弹反复。

要重点抓好防范化解政治安全风险“八项任务”：一要聚力防范打击各种渗透破坏活动；二要聚力深化国际执法安全合作与斗争；三要聚力维护意识形态安全；四要聚力确保首都安全稳定；五要聚力深化反恐怖斗

争；六要聚力深化反分裂斗争；七要聚力防范打击邪教活动；八要聚力防范经济社会风险演变为政治安全风险。

要重点提升防范化解政治安全风险“五大能力”：一要提升公共资源统筹能力；二要提升政策策略谋划能力；三要提升法治运用能力；四要提升现代科技应用能力；五要提升舆论引导能力。

23　面对危害国土安全的风险挑战敢于坚决斗争

重要背景

2013 年 11 月 9 日，习近平在《关于〈中共中央关于全面深化改革若干重大问题的决定〉的说明》中指出，国家安全和社会稳定是改革发展的前提。只有国家安全和社会稳定，改革发展才能不断推进。当前，我国面临对外维护国家主权、安全、发展利益，对内维护政治安全和社会稳定的双重压力，各种可以预见和难以预见的风险因素明显增多。

2014 年 4 月 15 日，习近平在中央国家安全委员会第一次会议上发表的重要讲话中指出，贯彻落实总体国家安全观，必须既重视外部安全，又重视内部安全，对内求发展、求变革、求稳定、建设平安中国，对外求和平、求合作、求共赢、建设和谐世界；既重视国土安全，又重视国民安全，坚持以民为本、以人为本，坚持国家安全一切为了人民、一切依靠人民，真正夯实国家安全的群众基础；既重视传统安全，又重视非传统安全，构建集政治安全、国土安全、军事安全、经济安全、文化安全、社会安全、科技安全、信息安全、生态安全、资源安全、核安全等于一体的国家安全体系；既重视发展问题，又重视安全问题，发展是安全的基础，安全是发展的条件，富国才能强兵，强兵才能卫国；既重视自身安全，又重视共同安全，打造命运共同体，推动各方朝着互利互惠、共同安全的目标相向而行。

2014 年 11 月 28 日，习近平在中央外事工作会上的讲话强调，要坚决维护领土主权和海洋权益，维护国家统一，妥善处理好领土岛屿争端问题。

2016年1月18日，习近平在省部级主要领导干部学习贯彻党的十八届五中全会精神专题研讨班上的讲话时强调，我们必须积极主动、未雨绸缪，见微知著、防微杜渐，下好先手棋，打好主动仗，做好应对任何形式的矛盾风险挑战的准备，做好经济上、政治上、文化上、社会上、外交上、军事上各种斗争的准备，层层负责、人人担当。

在党的十九大报告中，习近平强调，必须坚持国家利益至上，以人民安全为宗旨，以政治安全为根本，统筹外部安全和内部安全、国土安全和国民安全、传统安全和非传统安全、自身安全和共同安全，完善国家安全制度体系，加强国家安全能力建设，坚决维护国家主权、安全、发展利益。

2019年9月3日，习近平在秋季学期中央党校（国家行政学院）中青年干部培训班开班式上发表重要讲话强调，凡是危害中国共产党领导和我国社会主义制度的各种风险挑战，凡是危害我国主权、安全、发展利益的各种风险挑战，凡是危害我国核心利益和重大原则的各种风险挑战，凡是危害我国人民根本利益的各种风险挑战，凡是危害我国实现“两个一百年”奋斗目标、实现中华民族伟大复兴的各种风险挑战，只要来了，我们就必须进行坚决斗争，而且必须取得斗争胜利。

早在1950年8月4日，毛泽东在中共中央政治局会议上说：如果美帝得胜，就会得意，就会威胁我国。战后毛泽东第一次比较系统地评价抗美援朝，是在1953年9月12日召开的中央人民政府委员会第二十四次会议上。这次会议听取彭德怀《关于中国人民志愿军抗美援朝工作的报告》。毛泽东发表讲话，指出：“抗美援朝战争的胜利是伟大的，是有很重要的意义的。”他主要讲了四条意义，其中第一条就是“和朝鲜人民一起，打回到三八线，守住了三八线”。他说：“如果不打回三八线，前线仍在鸭绿江和图们江，沈阳、鞍山、抚顺这些地方的人民就不能安心生产。”

“取得了军事经验”是毛泽东1953年9月讲抗美援朝意义时提到的第二条。他说：“我们中国人民志愿军的陆军、空军、海军，步兵、炮兵、工兵、坦克兵、铁道兵、防空兵、通信兵，还有卫生部队、后勤部队等等，取得了对美国侵略军队实际作战的经验。这一次，我们摸了一下美国军队的底。对美国军队，如果不接触它，就会怕它。我们跟它打了三十三个月，把它的底摸熟了。”

1961 年 9 月 24 日，毛泽东在会见英国蒙哥马利元帅时说：“我们的志愿军跟美国在朝鲜打了三年，美国军队是有战斗力的，它的武器好。但是，只要不打原子弹、氢弹，打常规武器，我们是有办法对付的。”

经过抗美援朝争取苏联的信任，巩固中苏同盟，获得新中国建设所需的经济援助和安全保障。这场战争的胜利，使中国的东北边疆得到巩固，美帝国主义从此不敢轻易地进行欺侮和侵犯中国的尝试，为我国的经济建设和社会改革赢得了一个较长时期的和平环境。

邓小平指出：“国家的主权、国家的安全要始终放在第一位。”在霸权主义和强权政治依然存在的情况下，维护国家利益，维护国家主权和安全，最终要靠自己拥有能够遏制战争和抵御侵略的强大军事力量。

1982 年 9 月 1 日，邓小平在党的十二大开幕式上致辞时说：“八十年代是我们党和国家历史发展上的重要年代。加紧社会主义现代化建设，争取实现包括台湾在内的祖国统一，反对霸权主义、维护世界和平，是我国人民在八十年代的三大任务。这三大任务中，核心是经济建设，它是解决国际国内问题的基础。”

1989 年 11 月 10 日，邓小平提出了解决中美纠葛的一揽子建议，推动中美关系实现正常化。他说：“建立在殖民主义、帝国主义、霸权主义基础上的旧秩序”，使得“贫国和富国的差距越来越大”，是“发展中国家解放和进步的最大障碍”；“现在需要建立国际经济新秩序，也需要建立国际政治新秩序。新的政治秩序就是要结束霸权主义，实行和平共处五项原则。最经得住考验的不是霸权政治，不是集团政治，而是和平共处五项原则”。

开放论述

国土安全是立国之基。我们要坚决维护国土安全，大力加强边防、海防、空防建设，坚决捍卫领土主权和海洋权益，有效遏制侵害我国国土安全的各种图谋和行为，筑牢国土安全的铜墙铁壁。坚决反对一切分裂祖国的活动，深入打击恐怖主义、分裂主义、极端主义这“三股势力”，坚决防范“藏独”“东突”，坚决挫败任何形式的“台独”分裂图谋，全力维护香港、澳门长期繁荣稳定。

我们要着眼于实现中国梦强军梦，认真学习贯彻习近平强军思想，切实落实新形势下军事战略方针，全力推进国防和军队现代化。认真贯彻落实古田全军政治工作会议，恢复和发扬我党我军光荣传统和优良作风，进一步推动人民军队政治生态得到有效治理。坚持党对人民军队的绝对领导。建设一支听党指挥、能打胜仗、作风优良的人民军队，为实现“两个一百年”奋斗目标、实现中华民族伟大复兴提供战略支撑。必须全面贯彻党领导人民军队的一系列根本原则和制度，确立新时代党的强军思想在国防和军队建设中的指导地位，坚持政治建军、改革强军、科技兴军、依法治军，更加注重聚焦实战，更加注重创新驱动，更加注重体系建设，更加注重集约高效，更加注重军民融合，实现党在新时代的强军目标。

我们要始终坚持“一国两制”和推进祖国统一。保持香港、澳门长期繁荣稳定，实现祖国完全统一，是实现中华民族伟大复兴的必然要求。必须把维护中央对香港、澳门特别行政区全面管治权和保障特别行政区高度自治权有机结合起来，确保“一国两制”方针不会变、不动摇，确保“一国两制”实践不变形、不走样。必须坚持一个中国原则，坚持“九二共识”，推动两岸关系和平发展，深化两岸经济合作和文化往来，推动两岸同胞共同反对一切分裂国家的活动，共同为实现中华民族伟大复兴而奋斗。

我们要始终坚持维护中华民族根本利益，维护包括台湾同胞在内的全体中华儿女共同利益。从中华民族整体利益把握两岸关系大局，最根本的、最核心的是维护国家领土和主权完整。大陆和台湾虽然尚未统一，但同属一个中国，是不可分割的整体。我们坚决维护国家主权和领土完整，绝不容忍国家分裂的历史悲剧重演。一切分裂祖国的活动都必将遭到全体中国人坚决反对。我们有坚定的意志、充分的信心、足够的能力挫败任何形式的“台独”分裂图谋。我们绝不允许任何人、任何组织、任何政党、在任何时候、以任何形式、把任何一块中国领土从中国分裂出去！

名篇摘录

我们应该如何理解“国土安全”?

在中国社会科学院亚太与全球战略研究院亚太安全与外交研究室主任张洁看来，“国土安全”与“领土安全”的概念相似，强调国家领土、领海、领空的完整性，强调领土、领海、领空不受威胁、不受恐怖主义袭击、不受大规模杀伤性武器的影响，同时还强调保证国家关键基础设施，如电厂、公路、铁路、机场的安全。

——摘录自《“国土安全”是国家安全基础中的基础》，

余飞，《法制日报》，2014 年 4 月 26 日

践行提醒

我们必须始终坚持总体国家安全观。必须坚持国家利益至上，以人民安全为宗旨，以政治安全为根本，统筹外部安全和内部安全、国土安全和国民安全、传统安全和非传统安全、自身安全和共同安全，完善国家安全制度体系，加强国家安全能力建设，坚决维护国家主权、安全、发展利益。

要切实提升维护国土安全能力。加强边防、海防、空防建设，坚决捍卫领土主权和海洋权益，有效遏制侵害我国国土安全的各种图谋和行为，筑牢国土安全的铜墙铁壁。坚决反对一切分裂祖国的活动，深入打击恐怖主义、分裂主义、极端主义这“三股势力”，坚决防范“藏独”“东突”，坚决挫败任何形式的“台独”分裂图谋，全力维护香港、澳门长期繁荣稳定。

要始终坚持走中国特色强军之路，全面推进国防和军队现代化。面对

国家安全环境的深刻变化，面对强国强军的时代要求，必须全面贯彻新时代党的强军思想，贯彻新形势下军事战略方针，建设强大的现代化陆军、海军、空军、火箭军和战略支援部队，打造坚强高效的战区联合作战指挥机构，构建中国特色现代作战体系，担当起党和人民赋予的新时代使命任务。

要扎实做好各战略方向军事斗争准备，统筹推进传统安全领域和新型安全领域军事斗争准备，发展新型作战力量和保障力量，开展实战化军事训练，加强军事力量运用，加快军事智能化发展，提高基于网络信息体系的联合作战能力、全域作战能力，有效塑造态势、管控危机、遏制战争、打赢战争。

要始终坚持“一国两制”，推进祖国统一。保持香港、澳门长期繁荣稳定，必须全面准确贯彻“一国两制”“港人治港”“澳人治澳”、高度自治的方针，严格依照宪法和基本法办事，完善与基本法实施相关的制度和机制。要支持特别行政区政府和行政长官依法施政、积极作为，团结带领香港、澳门各界人士齐心协力谋发展、促和谐，保障和改善民生，有序推进民主，维护社会稳定，履行维护国家主权、安全、发展利益的宪制责任。要支持香港、澳门融入国家发展大局，以粤港澳大湾区建设、粤港澳合作、泛珠三角区域合作等为重点，全面推进内地同香港、澳门互利合作，制定完善便利香港、澳门居民在内地发展的政策措施。

解决台湾问题、实现祖国完全统一，是全体中华儿女的共同愿望，是中华民族根本利益所在。必须继续坚持“和平统一、一国两制”方针，推动两岸关系和平发展，推进祖国和平统一进程。我们要秉持“两岸一家亲”理念，尊重台湾现有的社会制度和台湾同胞生活方式，愿意率先同台湾同胞分享大陆发展的机遇。我们将扩大两岸经济文化交流合作，实现互利互惠，逐步为台湾同胞在大陆学习、创业、就业、生活提供与大陆同胞同等的待遇，增进台湾同胞福祉。我们将推动两岸同胞共同弘扬中华文化，促进心灵契合。

我们坚决维护国家主权和领土完整，绝不容忍国家分裂的历史悲剧重

演。一切分裂祖国的活动都必将遭到全体中国人坚决反对。我们有坚定的意志、充分的信心、足够的能力挫败任何形式的“台独”分裂图谋。我们绝不允许任何人、任何组织、任何政党、在任何时候、以任何形式、把任何一块中国领土从中国分裂出去！

24　面对危害经济安全的风险挑战敢于坚决斗争

重要背景

2013年11月9日，习近平在《关于〈中共中央关于全面深化改革若干重大问题的决定〉的说明》中指出，国家安全和社会稳定是改革发展的前提。只有国家安全和社会稳定，改革发展才能不断推进。

2014年4月15日，习近平在中央国家安全委员会第一次会议上发表的重要讲话中指出，贯彻落实总体国家安全观，必须既重视外部安全，又重视内部安全，对内求发展、求变革、求稳定、建设平安中国，对外求和平、求合作、求共赢、建设和谐世界；既重视国土安全，又重视国民安全，坚持以民为本、以人为本，坚持国家安全一切为了人民、一切依靠人民，真正夯实国家安全的群众基础；既重视传统安全，又重视非传统安全，构建集政治安全、国土安全、军事安全、经济安全、文化安全、社会安全、科技安全、信息安全、生态安全、资源安全、核安全等于一体的国家安全体系；既重视发展问题，又重视安全问题，发展是安全的基础，安全是发展的条件，富国才能强兵，强兵才能卫国；既重视自身安全，又重视共同安全，打造命运共同体，推动各方朝着互利互惠、共同安全的目标相向而行。

2016年1月18日，习近平在省部级主要领导干部学习贯彻党的十八届五中全会精神专题研讨班上的讲话时强调，我们必须积极主动、未雨绸缪，见微知著、防微杜渐，下好先手棋，打好主动仗，做好应对任何形式的矛盾风险挑战的准备，做好经济上、政治上、文化上、社会上、外交上、军事上各种斗争的准备，层层负责、人人担当。

2019年9月3日，习近平在秋季学期中央党校（国家行政学院）中青年干部培训班开班式上发表重要讲话强调，凡是危害中国共产党领导和我国社会主义制度的各种风险挑战，凡是危害我国主权、安全、发展利益的各种风险挑战，凡是危害我国核心利益和重大原则的各种风险挑战，凡是危害我国人民根本利益的各种风险挑战，凡是危害我国实现“两个一百年”奋斗目标、实现中华民族伟大复兴的各种风险挑战，只要来了，我们就必须进行坚决斗争，而且必须取得斗争胜利。

“开放的经济安全观”，是指开放能增强活力和壮大实力，从而使国家经济更为安全的基本理念，是开放与经济安全的有机统一。它包括三个层面的内容：一是开放比封闭更安全，要不断扩大开放，在扩大开放中动态地谋求安全；二是有实力才更安全，要在开放中壮大实力和提高能力；三是开放不会自动带来安全，要主动预防风险。这三个层面的内容相互依存、缺一不可。国家强盛是经济安全的根本保证，经济实力是经济安全的坚强后盾。通过开放加快发展和增强实力，是在激烈的国际竞争中应对挑战、抵御风险的必然要求。开放才有活力，才能增强实力。邓小平同志说过，“现在任何国家要发达起来，闭关自守都不可能。我们吃过这个苦头，我们的老祖宗吃过这个苦头。”历史的经验一再告诉我们，关起门来搞建设是不行的，把自己孤立于世界之外是不利的。

开放论述

经济安全是国家安全的基础。维护经济安全我们首先要保证基本经济制度安全。要保障关系国民经济命脉的重要行业和关键领域安全。要健全金融宏观审慎管理和金融风险防范、处置机制，防范和化解系统性、区域性金融风险，防范和抵御外部金融风险的冲击。要保障经济社会发展所需的资源能源持续、可靠和有效供给。要确保国家粮食安全，把中国人的饭碗牢牢端在自己手中。要加强自主创新能力建设，加快发展自主可控的战略高新技术和重要领域关键核心技术，保障重大技术和工程的安全。

我国发展仍处于并将长期处于重要战略机遇期。世界面临百年未有之大变局，变局中危和机同生并存，这给中华民族伟大复兴带来重大机遇。我们要善于化危为机、转危为安，紧扣重要战略机遇新内涵，加快经济结构优化升级，提升科技创新能力，深化改革开放，加快绿色发展，参与全球经济治理体系变革，变压力为加快推动经济高质量发展的动力。

我们要不断在实践中深化对做好新形势下经济工作的规律性认识：必须坚持党中央集中统一领导，发挥掌舵领航作用；必须从长期大势认识当前形势，认清我国长期向好发展前景；必须精准把握宏观调控的度，主动预调微调、强化政策协同；必须及时回应社会关切，有针对性地主动引导市场预期；必须充分调动各方面积极性，形成全局工作强大合力。要看到经济运行稳中有变、变中有忧，外部环境复杂严峻，经济面临下行压力。这些问题是前进中的问题，既有短期的也有长期的，既有周期性的也有结构性的。要增强忧患意识，抓住主要矛盾，有针对性地加以解决。

当前，全党全国要认真贯彻落实党的十九大作出的战略部署，坚持稳中求进工作总基调，按照高质量发展要求，有效应对外部环境深刻变化，迎难而上、扎实工作，科学进行宏观调控，决胜三大攻坚战，深入推进供给侧结构性改革，加大改革开放力度，稳妥应对中美经贸摩擦，持续改善人民生活，持续保持经济持续健康发展和社会大局稳定，朝着实现全面建成小康社会的目标迈出了新的步伐。

要树立“开放的经济安全观”。在各国经济联系日益紧密和我国对外开放的广度与深度不断拓展的大背景下，各国经济相互依存，经济风险更容易在国与国之间传递，波及面很广，出现了经济风险的“全球化”，哪一个国家都很难完全置身事外。因此深刻改变了经济安全的内涵，使经济安全呈现相互性、系统性和全球性特征，往往是“一荣俱荣、一损俱损”，成为一个真正的全球性问题。这就需要我们树立开放的经济安全观，以开放的心态来应对开放条件下的全球性、系统性风险。

要通过开放加快发展和增强实力，更好地在激烈的国际竞争中应对挑战、抵御风险。开放才有活力，才能增强实力。邓小平说过，“现在任何国家要发达起来，闭关自守都不可能。我们吃过这个苦头，我们的老祖宗吃过这个苦头。”我们必须深入贯彻落实习近平新时代中国特色社会主义经济思想，大力推进高质量发展，不断增强自主创新能力，拓展对外开放的广度和深度，提高开放型经济水平，努力实现又好又快发展，不断增强国家硬实力。同时，加快体制机制创新，继续深化市场取向改革，建立适应开放要求的经济和法律制度，提供经济安全的制度保障，不断增强国家软实力。

要大力打击和防范经济犯罪活动。经济安全是政治安全、社会安全的坚实基础。要维护政治安全和社会稳定，就必须维护经济安全。守护群众财产安全，捍卫国家经济安全，就必须全力打击经济犯罪活动。要始终秉持打击犯罪、防范风险、维护稳定三位一体的执法理念，保持对经济犯罪的严打高压态势，有效遏制了经济犯罪的持续高发态势，为维护市场经济秩序、服务改革发展大局、保障国家经济安全、促进社会和谐稳定提供坚强保障。当前，我们要准确把握严峻的经济犯罪形势和发展趋势，以经济犯罪高发领域和行业为重点，要重点打击以下七类经济犯罪：一要打击假币犯罪；二要打击地下钱庄和洗钱犯罪；三要打击金融犯罪；四要打击危害税收征管犯罪；五要打击商贸犯罪；六要打击涉众型经济犯罪；七要打击侵害知识产权犯罪。

名篇摘录

国家安全法规定，国家建立国家安全审查和监管的制度和机制，对影响或者可能影响国家安全的外商投资、特定物项和关键技术、网络信息技术产品和服务、涉及国家安全事项的建设项目，以及其他重大事项和活动，进行国家安全审查，有效预防和化解国家安全风险。

——摘录自《给经济安全领域加一把“安全锁”》，

本报记者张媛，《法制日报》，2015 年 7 月 24 日

国际货币基金组织总裁拉加德指出，日益紧张的国际贸易关系已经给世界经济构成了威胁，贸易战没有赢家。以规则为基础的、开放的多边秩

序是维持当今世界经济繁荣的基础。美国需要对给世界贸易体系造成的“关税之伤”承担后果。美方的错误做法是搬起石头砸自己的脚。

——摘录自《扰乱全球经济　危害美国自身
——国际舆论纷纷谴责美国政府挑起贸易战》，
综合本报记者任彦、许立群、强薇等报道，
《人民日报》，2018 年 7 月 7 日

践行提醒

我们必须始终坚持总体国家安全观。必须坚持国家利益至上，以人民安全为宗旨，以政治安全为根本，统筹外部安全和内部安全、国土安全和国民安全、传统安全和非传统安全、自身安全和共同安全，完善国家安全制度体系，加强国家安全能力建设，坚决维护国家主权、安全、发展利益。

要切实提升维护经济安全能力。维护经济安全首先要保证基本经济制度安全。要保障关系国民经济命脉的重要行业和关键领域安全。健全金融宏观审慎管理和金融风险防范、处置机制，防范和化解系统性、区域性金融风险，防范和抵御外部金融风险的冲击。保障经济社会发展所需的资源能源持续、可靠和有效供给。确保国家粮食安全，把中国人的饭碗牢牢端在自己手中。加强自主创新能力建设，加快发展自主可控的战略高新技术和重要领域关键核心技术，保障重大技术和工程的安全。

当前和今后一段时间，我们全党全国要抓好以下重点工作任务：一是继续推动制造业高质量发展。要推动先进制造业和现代服务业深度融合，坚定不移建设制造强国。二是继续促进形成强大国内市场。要努力满足最终需求，提升产品质量，加快教育、育幼、养老、医疗、文化、旅游等服务业发展，改善消费环境，落实好个人所得税专项附加扣除政策，增强消费能力，让老百姓吃得放心、穿得称心、用得舒心。三是继续扎实推进乡村振兴战略。要坚持农业农村优先发展，切实抓好农业特别是粮食生产，推动藏粮于地、藏粮于技落实落地，合理调整“粮经饲”结构，着力增加

优质绿色农产品供给。四是继续促进区域协调发展。要统筹推进西部大开发、东北全面振兴、中部地区崛起、东部率先发展。五是继续加快经济体制改革。要深化四梁八柱性质的改革，以增强微观主体活力为重点，推动相关改革走深走实。六是继续推动全方位对外开放。要适应新形势、把握新特点，推动由商品和要素流动型开放向规则等制度型开放转变。七是继续加强保障和改善民生。要完善制度、守住底线，精心做好各项民生工作。

我们做好经济工作，必须加强党中央集中统一领导，提高党领导经济工作能力和水平，坚持党的基本理论、基本路线、基本方略不动摇，坚持把发展作为党执政兴国的第一要务，坚持以经济建设为中心，激励干部担当作为，鼓励创造性贯彻落实，加强学习和调查研究，在学习和实践中找思路、想办法，营造良好舆论环境。

鉴于各国经济相互依存度日益加强，经济风险更容易在国与国之间传递，主动防范风险是开放条件下确保国家经济安全的现实选择。任何国家的开放，总是机遇与挑战并存。开放并不必然带来安全，因开放不当而出现危机的例子有很多。在开放条件下确保国家经济安全，关键在于应对得当有力，有化险为夷的心理准备和防范风险的有效措施，并时刻保持警惕，把维护安全作为一种常态。为此，应坚持“预防为主、应急为辅”的原则，构建我国的经济安全管理体制和应对机制，把经济安全工作前置化、机制化。加强统计、监测、预警，做好预案，争取将大多数危机消除于无形之中；出现危机后，灵活反应，及早采取正确的应对之策，遏制危机蔓延，减少危机损失。

当前，要重点打击假币、地下钱庄和洗钱、金融、危害税收征管、商贸、涉众型经济、侵害知识产权等七类经济犯罪的同时，相关职能部门和人员还要大力做好以下工作：

一要继续以维护国家经济安全和市场秩序为着力点，组织开展打击整治非法集资、利用离岸公司和地下钱庄转移赃款、侵犯知识产权、证券期货犯罪等系列专项行动，为经济社会发展大局提供有力安全保障。

二要继续密切关注国家经济调整和全面深化改革各项措施的出台，主动搜集研判金融、财税、证券、商贸等重点领域犯罪信息和动向，及时发现通报金融、经济监管中的风险漏洞，为党委政府和有关部门当好参谋，推进综合治理；加强经济犯罪对策研究，为实战提供理论指引；持续开展“5·15”打击和防范经济犯罪宣传日活动，提高群众识假防骗能力。

三要继续以信息化为引领，推动经侦工作实现变革，面对大数据、云计算的发展，公安机关经侦部门与人民银行反洗钱中心、银保监会、证监会等部门合作，全力打造符合实战需求的经侦大数据，通过建立假冒伪劣、涉税、洗钱犯罪等多个类型犯罪研判模型，对数据进行“聚变式”研判，推动各作战单元“裂变式”打击的新模式，打击经济犯罪进入“核能打击时代”。

四要继续提升执法规范化水平，公安机关经侦部门将法治理念和法治思维贯彻经侦工作始终，积极参与打击经济犯罪立法工作；组织修订经济犯罪立案追诉标准、《公安机关办理经济犯罪案件的若干规定》和经侦部门办案规则；推动出台服务改革发展的系列规范性文件、建立健全一批地方性执法制度，持续开展积案攻坚、执法巡查等行动，解决经侦执法突出问题。

25 面对危害社会安全的风险挑战敢于坚决斗争

重要背景

2013年11月9日，习近平在《关于〈中共中央关于全面深化改革若干重大问题的决定〉的说明》中指出，国家安全和社会稳定是改革发展的前提。只有国家安全和社会稳定，改革发展才能不断推进。当前，我国面临对外维护国家主权、安全、发展利益，对内维护政治安全和社会稳定的双重压力，各种可以预见和难以预见的风险因素明显增多。

2014年4月15日，习近平在中央国家安全委员会第一次会议上发表重要讲话中指出，贯彻落实总体国家安全观，必须既重视外部安全，又重视内部安全，对内求发展、求变革、求稳定、建设平安中国，对外求和平、求合作、求共赢、建设和谐世界；既重视国土安全，又重视国民安全，坚持以民为本、以人为本，坚持国家安全一切为了人民、一切依靠人民，真正夯实国家安全的群众基础；既重视传统安全，又重视非传统安全，构建集政治安全、国土安全、军事安全、经济安全、文化安全、社会安全、科技安全、信息安全、生态安全、资源安全、核安全等于一体的国家安全体系；既重视发展问题，又重视安全问题，发展是安全的基础，安全是发展的条件，富国才能强兵，强兵才能卫国；既重视自身安全，又重视共同安全，打造命运共同体，推动各方朝着互利互惠、共同安全的目标相向而行。

2016年1月18日，习近平在省部级主要领导干部学习贯彻党的十八届五中全会精神专题研讨班上的讲话时强调，我们必须积极主动、未雨绸缪，见微知著、防微杜渐，下好先手棋，打好主动仗，做好应对任何形式的矛盾风险挑战的准备，做好经济上、政治上、文化上、社会上、外交上、军事上各种斗争的准备，层层负责、人人担当。

2016年1月4—6日，习近平在重庆调研时的讲话中强调，安全稳定工作连着千家万户，宁可百日紧，不可一日松。面对公共安全事故，不能止于追责，还必须梳理背后的共性问题，做到一方出事故、多方受教育，一地有隐患、全国受警示。

2016年10月27日，习近平在党的十八届六中全会第二次全体会议上的讲话时强调，我国公共安全形势仍很严峻，一些地区接连发生重特大公共安全事件，对群众健康和生命财产安全带来严重影响。维护公共安全是个细致活和实在活，千万不能掉以轻心。要深入开展安全隐患排查整治，全面抓好安全生产责任制，从源头治起、从细处抓起、从短板补起，筑牢防线，守住底线，不放过任何一个漏洞，不丢掉任何一个盲点，不留下任何一个隐患。

2019年9月3日，习近平在秋季学期中央党校（国家行政学院）中青年干部培训班开班式上发表重要讲话强调，凡是危害中国共产党领导和我国社会主义制度的各种风险挑战，凡是危害我国主权、安全、发展利益的各种风险挑战，凡是危害我国核心利益和重大原则的各种风险挑战，凡是危害我国人民根本利益的各种风险挑战，凡是危害我国实现“两个一百年”奋斗目标、实现中华民族伟大复兴的各种风险挑战，只要来了，我们就必须进行坚决斗争，而且必须取得斗争胜利。

1949年，毛泽东带领部属“赴京赶考”进驻北平，看到妓院林立、黑道猖獗、满目疮痍，怒不可遏，对时任公安部长兼北京市公安局长的罗瑞卿说：“新中国决不允许娼妓遍地，黑道横行！”并下决心铲出这些毒瘤，关闭妓院，扫黑除恶。

解放后的北平，尽快铲除地方黑社会势力是改善社会治安，使民众建立起对新政权信心的重要手段。1951年5月16日，市委、市政府决定在天坛祈年殿前召开第四次控诉恶霸大会，到会群众达3万人，有19位受害者登台控诉恶霸罪行，当市公安局外五分局宣读“三霸一虎”（东霸天张德泉、西霸天福德成、南霸天孙永珍、林家五虎之一林文华）残害 14 条人命的罪状时，“枪毙三霸一虎”“为死难同胞报仇”口号响彻会场。“三霸一虎”被吓得面如土色。1951 年 5 月 18 日至 20 日市政府召开各界人民代表、政协委员联席会议，对市公安局提交的案卷进行审查，一致同意对张德泉、福德成、孙永珍、林文华等处以死刑。至此，全市反对黑社会势力的斗争取得了决定性胜利。

1983 年 7 月 19 日，邓小平在北戴河指出：“刑事案件、恶性案件大幅度增加，这种情况很不得人心。几年了，这股风不但没有压下去，反而发展了。原因在哪里？主要是下不了手，对犯罪分子打击不严、不快，判得很轻。对经济犯罪活动是这样，对抢劫、杀人等犯罪活动也是这样。”“为什么不可以组织一次、二次、三次严厉打击刑事犯罪活动的战役？”“现在是非常状态，必须依法从重从快集中打击，严才能治住。搞得不痛不痒，不得人心。”

1989 年 3 月 4 日，邓小平说：“中国的问题，压倒一切的是需要稳定。凡是妨碍稳定的就要对付，不能让步，不能迁就。不要怕外国人议论，管他们说什么，无非是骂我们不开明。多少年来我们挨骂挨得多了，骂倒了吗？总之，中国人的事中国人自己办。中国不能乱，这个道理要反复讲，放开讲。”

1983 年 8 月 25 日，中共中央发出《关于严厉打击刑事犯罪活动的决定》，提出为期 3 年，组织 3 个战役。

1983 年 9 月 2 日，全国人大常委会通过《关于严惩严重危害社会治安的犯罪分子的决定》。至此，严打的刑事政策正式形成。

1981 年《全国人民代表大会常务委员会关于死刑案件核准问题的决定》、1983 年修改的《人民法院组织法》，以及随后的《最高人民法院关于授权高级人民法院核准部分死刑案件的通知》，将杀人、强奸、抢劫、爆炸等严重危害公共安全和社会治安案件的死刑核准权，下放到高级人民法院行使。

1983 年《全国人民代表大会常务委员会关于迅速审判严重危害社会治

安的犯罪分子的程序的决定》，对死刑案缩短了上诉、抗诉等期限。

2006 年 10 月，“宽严相济的刑事司法政策”首次被写入中共中央文件——《中共中央关于构建社会主义和谐社会若干重大问题的决定》，被认为是根据罪刑法定、罪刑相适应和适用法律人人平等的原则确立的准确惩罚犯罪的刑事政策。“从‘依法从严从重从快’到‘宽严相济，少杀慎杀’”，这是中国刑事司法的重大调整。

开放论述

社会安全与人民群众切身利益关系最密切，是人民群众安全感的晴雨表，是社会安定的风向标。随着经济发展、社会进步，人民群众对过上美好生活有更高的期待，对社会安全有更高的标准。要积极预防、减少和化解社会矛盾，妥善处置公共卫生、重大灾害等影响国家安全的突发事件。深入推进扫黑除恶专项斗争，坚持保障合法权益和打击违法犯罪两手都要硬、都要快，不断提高人民群众的安全感、幸福感。

对公共安全，我们必须增强忧患意识和责任意识，始终保持高度警觉，任何时候都不能麻痹大意。我们要充分认识维护公共安全的重要意义，牢记公共安全是最基本的民生的道理，自觉把维护公共安全放在维护最广大人民根本利益中来认识，放在贯彻落实总体国家安全观中来思考，放在推进国家治理体系和治理能力现代化中来把握，努力为人民安居乐业、社会安定有序、国家长治久安编织全方位、立体化的公共安全网。

没有稳定的社会政治环境，一切改革发展都无从谈起，再好的规划和方案都难以实现，已经取得的成果也会失去。对稳定是根本大局的道理，全党同志要牢记在心，还要教育全体人民牢记在心。要把“平安中国”建设置于中国特色社会主义事业发展全局中来谋划，紧紧围绕“两个一百年”奋斗目标，把人民群众对“平安中国”建设的要求作为努力方向，坚持源头治理、系统治理、综合治理、依法治理，努力解决深层次问题，着力建设好“平安中国”。

当前，我国发展形势总的是好的。同时，我们面临的维护国家安全和社会稳定的任务仍十分繁重艰巨。一方面，我国改革进入攻坚期和深水区，社会稳定进入风险期，各种一般矛盾和深层次矛盾交织叠加，一些重大问题敏感程度明显增大，处理不慎极易影响社会稳定。同时，人民群众的公平意识、民主意识、权利意识、法治意识不断增强，对促进社会公平正义、实现安居乐业的要求越来越高。另一方面，随着国际力量对比持续朝着于我有利的方向发展，美国等西方国家越来越感到如鲠在喉、如芒在背，加紧对我国实施西化、分化战略，两种社会制度、两种意识形态的较量更加激烈。面对这样的形势，我们要增强政治意识、大局意识、责任意识，增强做好工作的使命感和责任感。

要贯彻好党的群众路线，坚持社会治理为了人民，善于把党的优良传统和新技术新手段结合起来，创新组织群众、发动群众的机制，创新为民谋利、为民办事、为民解忧的机制，让群众的聪明才智成为社会治理创新的不竭源泉。要加大关系群众切身利益的重点领域执法司法力度，让天更蓝、水更清、空气更清新、食品更安全、交通更顺畅、社会更和谐有序。

要善于把党的领导和我国社会主义制度优势转化为社会治理效能，完善党委领导、政府负责、社会协同、公众参与、法治保障的社会治理体制，打造共建共治共享的社会治理格局。要创新完善平安建设工作协调机制，统筹好政法系统和相关部门的资源力量，形成问题联治、工作联动、平安联创的良好局面。各地区各部门主要负责同志要落实好平安建设领导责任制，履行好维护一方稳定、守护一方平安的政治责任。要坚持把信访工作作为了解民情、集中民智、维护民利、凝聚民心的一项重要工作，千方百计为群众排忧解难。要深入推进社区治理创新，构建富有活力和效率的新型基层社会治理体系，为人民安居乐业、社会安定有序、国家长治久安提供坚强保障。

名篇摘录

毛泽东整治黑道靠什么？靠人民群众，靠坚挺的国家机器，靠人民民主专政。只许他们老老实实，不准他们乱说乱动，如若乱说乱动，立即制裁。使建国后一个相当长的时间内，黑道销声匿迹，以至夜不闭户，路不拾遗，老百姓从不为安全问题担心。那时虽然还不富裕，但人民感到生活很温馨。

——摘录自《毛泽东和爱将罗瑞卿如何整治黑道？》，
中国共产党新闻网，2009 年 11 月 26 日

有安全的政治环境、稳定的社会环境、公正的法治环境、优质的服务环境，才有人民群众的获得感、幸福感、安全感。

——摘录自《人民日报评论员：更好维护政治安全社会安定人民安宁
——一论学习贯彻习近平总书记中央政法工作会议重要讲话》，
本报评论员，《人民日报》，2019 年 1 月 17 日

践行提醒

我们必须始终坚持总体国家安全观。必须坚持国家利益至上，以人民安全为宗旨，以政治安全为根本，统筹外部安全和内部安全、国土安全和国民安全、传统安全和非传统安全、自身安全和共同安全，完善国家安全制度体系，加强国家安全能力建设，坚决维护国家主权、安全、发展利益。

要切实打造共建共治共享的社会治理格局。加强社会治理制度建设，完善党委领导、政府负责、社会协同、公众参与、法治保障的社会治理体制，提高社会治理社会化、法治化、智能化、专业化水平。加强预防和化解社会矛盾机制建设，正确处理人民内部矛盾。树立安全发展理念，弘扬生命至上、安全第一的思想，健全公共安全体系，完善安全生产责任制，坚决遏制重特大安全事故，提升防灾减灾救灾能力。加快社会治安防控体系建设，依法打击和惩治黄赌毒黑拐骗等违法犯罪活动，保护人民人身权、财产权、人格权。加强社会心理服务体系建设，培育自尊自信、理性平和、积极向上的社会心态。加强社区治理体系建设，推动社会治理重心向基层下移，发挥社会组织作用，实现政府治理和社会调节、居民自治良

性互动。

要切实提升维护社会安全能力。要积极预防、减少和化解社会矛盾，妥善处置公共卫生、重大灾害等影响国家安全的突发事件。要深入推进扫黑除恶专项斗争，坚持保障合法权益和打击违法犯罪两手都要硬、都要快。要建立健全维护公共安全体系，实现城乡安全监管执法和综合治理网格化、一体化。要提高公共安全体系精细化水平，从预判预警到应急处置，从现实生活到虚拟空间，每一个环节都要深入考虑和谋划。要构建公共安全人防、物防、技防网络，实现人员素质、设施保障、技术应用的整体协调，彻底堵塞"安全漏洞"，坚决打破"安全孤岛"。要积极推广应用新技术、新设备、新工艺，高度重视大数据、云计算、物联网、智慧工程等现代信息技术的应用，不断提高公共安全装备水平。

"为之于未有，治之于未乱。"维护公共安全做到防患于未然。要坚持标本兼治，既着力解决较为突出的公共安全专项问题，又用更多精力研究解决深层次问题。要坚持关口前移，加强日常防范，加强源头治理、前端处理，针对暴露出来的问题进行地毯式排查和立体化整治行动，什么问题突出就集中力量解决什么问题。要建立健全公共安全形势分析制度，经常评估、预判，及时发现苗头性、倾向性问题，及时清除公共安全隐患。对暴力恐怖势力、民族分裂势力、宗教极端势力，要全力防范、坚决打击。要加强反恐国际合作，筑起铜墙铁壁，对暴力恐怖活动发现一起、打掉一起。对各种敌对势力的渗透、破坏、颠覆活动，要坚决防范和依法打击，决不能让他们起势、成势。要紧盯涉黑涉恶重大案件、黑恶势力经济基础、背后"关系网""保护伞"不放，在打防并举、标本兼治上下真功夫、细功夫，确保取得实效、长效。

各地区各部门要紧紧围绕推进国家治理体系和治理能力现代化的目标，始终坚持系统治理、依法治理、综合治理、源头治理的总体思路，一手抓专项打击整治，一手抓信访事项解决，一手抓源头性、基础性工作；坚持把安全生产、食品药品安全放在首要位置，自觉维护人民群众生命财产安全；坚持把公共安全作为重要民生工作抓紧抓好，把公共安全工作放到经济社会发展大局中谋划。不断提高公共安全工作专业化、法治化、信息化水平，加快构建全方位、立体化的公共安全网，切实承担起促一方发展、保一方平安的政治责任，以完善食品安全责任制、安全生产责任制、防灾减灾救灾责任制、社会治安综合治理责任制为重点，明确并严格落实责任制，把确保公共安全工作成效作为衡量党政领导班子和领导干部政绩的重要指标，并要落实责任追究。不断满足人民群众安全感、幸福感，不断满足人民群众对过上美好生活的更高期待，对社会安全的更高标准。

26 面对危害网络安全的风险挑战敢于坚决斗争

重要背景

2013年11月9日，习近平在《关于〈中共中央关于全面深化改革若干重大问题的决定〉的说明》中指出，网络和信息安全牵涉到国家安全和社会稳定，是我们面临的新的综合性挑战。从实践看，面对互联网技术和应用飞速发展，现行管理体制存在明显弊端，主要是多头管理、职能交叉、权责不一、效率不高。同时，随着互联网媒体属性越来越强，网上媒体管理和产业管理远远跟不上形势发展变化。特别是面对传播快、影响大、覆盖广、社会动员能力强的微客、微信等社交网络和即时通信工具用户的快速增长，如何加强网络法制建设和舆论引导，确保网络信息传播秩序和国家安全、社会稳定，已经成为摆在我们面前的现实突出问题。

2014年4月15日，习近平在中央国家安全委员会第一次会议上发表重要讲话中指出，贯彻落实总体国家安全观，必须既重视外部安全，又重视内部安全，对内求发展、求变革、求稳定、建设平安中国，对外求和平、求合作、求共赢、建设和谐世界；既重视国土安全，又重视国民安全，坚持以民为本、以人为本，坚持国家安全一切为了人民、一切依靠人民，真正夯实国家安全的群众基础；既重视传统安全，又重视非传统安全，构建集政治安全、国土安全、军事安全、经济安全、文化安全、社会安全、科技安全、信息安全、生态安全、资源安全、核安全等于一体的国家安全体系；既重视发展问题，又重视安全问题，发展是安全的基础，安全是发展的条件，富国才能强兵，强兵才能卫国；既重视自身安全，又重视共同安全，打造命运共同体，推动各方朝着互利互惠、共同安全的目标相向而行。

2014年2月27日，习近平在中央网络安全和信息化领导小组第一次会议上的讲话时强调，网络安全和信息化是事关国家安全和国家发展、事关广大人民群众工作生活的重大战略问题，要从国际国内大势出发，总体布局，统筹各方，创新发展，努力把我国建设成为网络强国。没有网络安全就没有国家安全，没有信息化就没有现代化。

2015年12月16日，习近平在第二届世界互联网大会开幕式上的讲话时强调，我们应该坚持维护和平安全，网络空间不应成为各国角力的战场，更不能成为违法犯罪的温床，维护网络安全不应有双重标准。我们应该坚持促进开放合作，创造更多利益契合点、合作增长点、共赢新亮点，推动彼此在网络空间优势互补、共同发展，让更多国家和人民搭乘信息时代的快车、共享互联网发展成果。

2016年4月19日，习近平在网络安全和信息化工作座谈会上的讲话时强调，互联网核心技术是我们最大的“命门”，核心技术受制于人是我们最大的隐患。一个互联网企业即便规模再大、市值再高，如果核心元器件严重依赖外国，供应链的“命门”掌握在别人手里，那就好比在别人的墙基上砌房子，再大再漂亮也可能经不起风雨，甚至会不堪一击。我们要掌握我国互联网发展主动权，保障互联网安全、国家安全，就必须突破核心技术这个难题，争取在某些领域、某些方面实现“弯道超车”。

2016年10月9日，习近平在十八届中央政治局第三十六次集体学习时的讲话中强调，要严密防范网络犯罪特别是新型网络犯罪，维护人民群众利益和社会和谐稳定。要发挥网络传播互动、体验、分享的优势，听民意、惠民生、解民忧，凝聚社会共识。

2018年4月20日至21日，习近平在全国网络安全和信息化工作会议上的讲话中强调，要树立正确的网络安全观，加强信息基础设施网络安全防护，加强网络安全信息统筹机制、手段、平台建设，加强网络安全事件应急指挥能力建设，积极发展网络安全产业，做到关口前移，防患于未然。

2019 年 9 月 3 日，习近平在秋季学期中央党校（国家行政学院）中青年干部培训班开班式上发表重要讲话强调，凡是危害中国共产党领导和我国社会主义制度的各种风险挑战，凡是危害我国主权、安全、发展利益的各种风险挑战，凡是危害我国核心利益和重大原则的各种风险挑战，凡是危害我国人民根本利益的各种风险挑战，凡是危害我国实现“两个一百年”奋斗目标、实现中华民族伟大复兴的各种风险挑战，只要来了，我们就必须进行坚决斗争，而且必须取得斗争胜利。

开放论述

当今世界，信息技术革命日新月异，对国际政治、经济、文化、社会、军事等领域发展产生了深刻影响。信息化和经济全球化相互促进，互联网已经融入社会生活方方面面，深刻改变了人们的生产和生活方式。信息化为中华民族带来了千载难逢的机遇。我们必须敏锐抓住信息化发展的历史机遇，加强网上正面宣传，维护网络安全，推动信息领域核心技术突破，发挥信息化对经济社会发展的引领作用，加强网信领域军民融合，主动参与网络空间国际治理进程，自主创新推进网络强国建设，为决胜全面建成小康社会、夺取新时代中国特色社会主义伟大胜利、实现中华民族伟大复兴的中国梦作出新的贡献。

党的十八大以来，党中央重视互联网、发展互联网、治理互联网，统筹协调涉及政治、经济、文化、社会、军事等领域信息化和网络安全重大问题，作出一系列重大决策、提出一系列重大举措，推动网信事业取得历史性成就。这些成就充分说明，党的十八大以来党中央关于加强党对网信工作集中统一领导的决策和对网信工作作出的一系列战略部署是完全正确的。我们不断推进理论创新和实践创新，不仅走出一条中国特色治网之道，而且提出一系列新思想新观点新论断，形成了网络强国战略思想。

当前，网络安全已经成为我国面临的最复杂、最现实、最严峻的非传统安全问题之一。没有网络安全就没有国家安全，就没有经济社会稳定运行，广大人民群众利益也难以得到保障。要树立正确的网络安全观，加强信息基础设施网络安全防护，加强网络安全信息统筹机制、手段、平台建设，加强网络安全事件应急指挥能力建设，积极发展网络安全产业，做到关口前移，防患于未然。要落实关键信息基础设施防护责任，行业、企业作为关键信息基础设施运营者承担主体防护责任，主管部门履行好监管责任。要依法严厉打击网络黑客、电信网络诈骗、侵犯公民个人隐私等违法犯罪行为，切断网络犯罪利益链条，持续形成高压态势，维护人民群众合法权益。要深入开展网络安全知识技能宣传普及，提高广大人民群众网络安全意识和防护技能。

要提高网络综合治理能力，形成党委领导、政府管理、企业履责、社会监督、网民自律等多主体参与，经济、法律、技术等多种手段相结合的综合治网格局。要加强网上正面宣传，旗帜鲜明坚持正确政治方向、舆论导向、价值取向，用习近平新时代中国特色社会主义思想和党的十九大精神团结、凝聚亿万网民，深入开展理想信念教育，深化新时代中国特色社会主义和中国梦宣传教育，积极培育和践行社会主义核心价值观，推进网上宣传理念、内容、形式、方法、手段等创新，把握好时度效，构建网上网下同心圆，更好凝聚社会共识，巩固全党全国人民团结奋斗的共同思想基础。要压实互联网企业的主体责任，决不能让互联网成为传播有害信息、造谣生事的平台。要加强互联网行业自律，调动网民积极性，动员各方面力量参与治理。

要加强党中央对网信工作的集中统一领导，确保网信事业始终沿着正确方向前进。各地区各部门要高度重视网信工作，将其纳入重点工作计划和重要议事日程，及时解决新情况新问题。要充分发挥工青妇等群团组织优势，发挥好企业、科研院校、智库等作用，汇聚全社会力量齐心协力推动网信工作。各级领导干部特别是高级干部要主动适应信息化要求、强化互联网思维，不断提高对互联网规律的把握能力、对网络舆论的引导能力、对信息化发展的驾驭能力、对网络安全的保障能力。各级党政机关和领导干部要提高通过互联网组织群众、宣传群众、引导群众、服务群众的本领。要推动依法管网、依法办网、依法上网，确保互联网在法治轨道上健康运行。要研究制定网信领域人才发展整体规划，推动人才发展体制机制改革，让人才的创造活力竞相迸发、聪明才智充分涌流。要不断增强“四个意识”，坚持把党的政治建设摆在首位，加大力度建好队伍、全面从严管好队伍，选好配好各级网信领导干部，为网信事业发展提供坚强的组织和队伍保障。

名篇摘录

没有网络安全，就没有国家安全。互联网既是一个国家的信息基础设施建设，又可以增加国家战略资源。国家发展对互联网的依赖程度越高，安全防范的要求也就越高。有人说，网络战争成为对国家安全的下一个威胁。互联网是人类共同家园，一个安全稳定繁荣的网络空间，不只是一国的需要，更是世界的需要。从这个意义上说，保障网络安全与守护国家安全是统一的。

——摘录自《人民网评：网络安全，既是防线又是底线》，

仲田，人民网—观点频道，2019 年 9 月 16 日

一个安全稳定繁荣的网络空间，对各国和世界都具有重大意义。如何共同维护网络安全，成为世界性课题。

“网络安全是全球性挑战，没有哪个国家能够置身事外、独善其身，维护网络安全是国际社会的共同责任。”

“维护网络安全不应有双重标准，不能一个国家安全而其他国家不安全，一部分国家安全而另一部分国家不安全，更不能以牺牲别国安全谋求自身所谓绝对安全。”

中国不仅为推进全球网络安全治理体系变革提供“中国方案”，更以实际行动为世界网络安全和发展贡献中国力量。一大批优秀企业走出国门，在宽带信息基础设施、大数据、网络安全服务等新兴产业领域，为世界各国提供高质量的信息产品和安全技术服务。

——摘录自《共同织密网络安全防护网》，

徐隽、倪戈，《人民日报》，2019 年 9 月 16 日

践行提醒

我们必须始终坚持总体国家安全观。必须坚持国家利益至上，以人民安全为宗旨，以政治安全为根本，统筹外部安全和内部安全、国土安全和国民安全、传统安全和非传统安全、自身安全和共同安全，完善国家安全制度体系，加强国家安全能力建设，坚决维护国家主权、安全、发展利益。

要理直气壮维护我国网络空间主权，明确宣示我们的主张。现在，各级领导干部特别是高级干部，如果不懂互联网、不善于运用互联网，就无法有效开展工作。各级领导干部要学网、懂网、用网，积极谋划、推动、引导互联网发展。要正确处理安全和发展、开放和自主、管理和服务的关系，不断提高对互联网规律的把握能力、对网络舆论的引导能力、对信息化发展的驾驭能力、对网络安全的保障能力，把网络强国建设不断推向前进。

要尽快突破核心技术难题，争取在某些领域、某些方面实现“弯道超车”。核心技术是国之重器。要下定决心、保持恒心、找准重心，加速推动信息领域核心技术突破。要紧紧牵住核心技术自主创新这个“牛鼻子”，抓紧突破网络发展的前沿技术和具有国际竞争力的关键核心技术，加快推进国产自主可控替代计划，构建安全可控的信息技术体系。要改革科技研发投入产出机制和科研成果转化机制，实施网络信息领域核心技术设备攻坚战略，推动高性能计算、移动通信、量子通信、核心芯片、操作系统等研发和应用取得重大突破。要抓产业体系建设，在技术、产业、政策上共同发力。要遵循技术发展规律，做好体系化技术布局，优中选优、重点突破。要加强集中统一领导，完善金融、财税、国际贸易、人才、知识产权保护等制度环境，优化市场环境，更好释放各类创新主体创新活力。要培育公平的市场环境，强化知识产权保护，反对垄断和不正当竞争。要打通基础研究和技术创新衔接的绿色通道，力争以基础研究带动应用技术群体突破。

要切实维护网络安全。要坚持积极利用、科学发展、依法管理、确保安全的方针，加大依法管理网络力度，完善互联网管理领导体制。要加强网络综合治理，形成从技术到内容、从日常安全到打击犯罪的网络治理合力。坚持自力更生、自主创新，加速推动信息领域核心技术突破。加强关键信息基础设施网络安全防护，不断增强网络安全防御能力和威慑能力。加强网络安全预警监测，切实保障国家数据安全，切实维护国家网络空间主权安全。面对复杂严峻的网络安全形势，我们要保持清醒头脑，各方面齐抓共管，切实维护网络安全要重点注意以下方面：

第一，树立正确的网络安全观。一是网络安全是整体的而不是割裂的。二是网络安全是动态的而不是静态的。三是网络安全是开放的而不是封闭的。四是网络安全是相对的而不是绝对的。五是网络安全是共同的而不是孤立的。

第二，加快构建关键信息基础设施安全保障体系。金融、能源、电力、通信、交通等领域的关键信息基础设施是经济社会运行的神经中枢，是网络安全的重中之重，也是可能遭到重点攻击的目标。

第三，全天候全方位感知网络安全态势。知己知彼，才能百战不殆。没有意识到风险是最大的风险。网络安全具有很强的隐蔽性，一个技术漏洞、安全风险可能隐藏几年都发现不了，结果是“谁进来了不知道、是敌是友不知道、干了什么不知道”，长期“潜伏”在里面，一旦有事就发作了。

第四，增强网络安全防御能力和威慑能力。网络安全的本质在对抗，对抗的本质在攻防两端能力较量。要落实网络安全责任制，制定网络安全标准，明确保护对象、保护层级、保护措施。哪些方面要重兵把守、严防死守，哪些方面由地方政府保障、适度防范，哪些方面由市场力量防护，都要有本清清楚楚的账。

27 面对危害外部安全的风险挑战敢于坚决斗争

重要背景

2013年11月9日，习近平在《关于〈中共中央关于全面深化改革若干重大问题的决定〉的说明》中指出，当前，我国面临对外维护国家主权、安全、发展利益，对内维护政治安全和社会稳定的双重压力，各种可以预见和难以预见的风险因素明显增多。

2014年4月15日，习近平在中央国家安全委员会第一次会议上发表重要讲话中指出，贯彻落实总体国家安全观，必须既重视外部安全，又重视内部安全，对内求发展、求变革、求稳定、建设平安中国，对外求和平、求合作、求共赢、建设和谐世界；既重视国土安全，又重视国民安全，坚持以民为本、以人为本，坚持国家安全一切为了人民、一切依靠人民，真正夯实国家安全的群众基础；既重视传统安全，又重视非传统安全，构建集政治安全、国土安全、军事安全、经济安全、文化安全、社会安全、科技安全、信息安全、生态安全、资源安全、核安全等于一体的国家安全体系；既重视发展问题，又重视安全问题，发展是安全的基础，安全是发展的条件，富国才能强兵，强兵才能卫国；既重视自身安全，又重视共同安全，打造命运共同体，推动各方朝着互利互惠、共同安全的目标相向而行。

2014年11月28日，习近平在中央外事工作会上的讲话中强调，要切实维护我国海外利益，不断提高保障能力和水平，加强保护力度。

2016年1月18日，习近平在省部级主要领导干部学习贯彻党的十八届五中全会精神专题研讨班上的讲话中强调，我们必须积极主动、未雨绸缪，见微知著、防微杜渐，下好先手棋，打好主动仗，做好应对任何形式的矛盾风险挑战的准备，做好经济上、政治上、文化上、社会上、外交上、军事上各种斗争的准备，层层负责、人人担当。

在党的十九大报告中，习近平强调，必须坚持国家利益至上，以人民安全为宗旨，以政治安全为根本，统筹外部安全和内部安全、国土安全和国民安全、传统安全和非传统安全、自身安全和共同安全，完善国家安全制度体系，加强国家安全能力建设，坚决维护国家主权、安全、发展利益。

2019 年 9 月 3 日，习近平在秋季学期中央党校（国家行政学院）中青年干部培训班开班式上发表重要讲话强调，共产党人的斗争是有方向、有立场、有原则的，大方向就是坚持中国共产党领导和我国社会主义制度不动摇。凡是危害中国共产党领导和我国社会主义制度的各种风险挑战，凡是危害我国主权、安全、发展利益的各种风险挑战，凡是危害我国核心利益和重大原则的各种风险挑战，凡是危害我国人民根本利益的各种风险挑战，凡是危害我国实现“两个一百年”奋斗目标、实现中华民族伟大复兴的各种风险挑战，只要来了，我们就必须进行坚决斗争，而且必须取得斗争胜利。

1982 年 9 月 1 日，邓小平在党的十二大开幕式上的致辞中说：“八十年代是我们党和国家历史发展上的重要年代。加紧社会主义现代化建设，争取实现包括台湾在内的祖国统一，反对霸权主义、维护世界和平，是我国人民在八十年代的三大任务。”

1989 年 11 月 10 日，邓小平提出了解决中美纠葛的一揽子建议，推动中美关系实现正常化。他说：“建立在殖民主义、帝国主义、霸权主义基础上的旧秩序”，使得“贫国和富国的差距越来越大”，是“发展中国家解放和进步的最大障碍”；“现在需要建立国际经济新秩序，也需要建立国际政治新秩序。新的政治秩序就是要结束霸权主义，实行和平共处五项原则。最经得住考验的不是霸权政治，不是集团政治，而是和平共处五项原则”。

开放论述

我们要坚持以习近平外交思想为指导，高举和平、发展、合作、共赢的旗帜，统筹国内国际两个大局，牢牢把握服务民族复兴、促进人类进步这条主线，推动构建人类命运共同体，坚定维护国家主权、安全、发展利益，为和平发展营造更加有利的国际环境，维护和延长我国发展的重要战略机遇期，积极参与引领全球治理体系改革，打造更加完善的全球伙伴关系网络，为维护我国外部安全和利益提供有力保障。

认识世界发展大势，跟上时代潮流，是一个极为重要并且常做常新的课题。中国要发展并维护好我国外部安全和利益，必须顺应世界发展潮流。把握国际形势要树立正确的历史观、大局观、角色观。要充分估计国际格局发展演变的复杂性，更要看到世界多极化向前推进的态势不会改变。要充分估计世界经济调整的曲折性，更要看到经济全球化进程不会改变。要充分估计国际矛盾和斗争的尖锐性，更要看到和平与发展的时代主题不会改变。要充分估计国际秩序之争的长期性，更要看到国际体系变革方向不会改变。要充分估计我国周边环境中的不确定性，更要看到亚太地区总体繁荣稳定的态势不会改变。

当前我国所面临的外部安全环境正在经历复杂、深刻变化。首先，和平与发展仍是时代主题，但各种不确定性在不断累积。在国际力量对比朝着有利于维护世界和平方向发展，保持国际形势总体稳定具备更多有利条件的同时，当今世界仍很不安宁。国际金融危机影响深远，世界经济增长不确定因素增多，全球发展不平衡加剧，霸权主义、强权政治有所上升，大国博弈加剧，局部动荡频繁发生，各种思想、思潮交融交锋，恐怖主义肆虐，网络安全、生态安全等全球性问题更加突出。其次，中国与外部世界的关系正站在一个新的历史起点上。中国在抵御各种外部风险的能力不断提高，已经成为影响世界经济政治发展的主要因素之一的同时，各种矛盾、风险、挑战也在不断向我聚集，可预测的风险和不可预测的挑战同时增加，其中一些风险和挑战尤为突出。美国为了维护世界霸主地位，加快推行亚太“再平衡”战略，不断在我国周边加强军事部署，强化同盟体系，介入我国与周边国家的海洋领土争端。导致台海局势有可能再现波澜，来自海上的威胁日趋上升，东北亚地区局势充满变数等。同时，我国还面临着一系列新型安全风险。中亚地区“三股势力”活动猖獗，给我国西北边境地区乃至内陆地区安全稳定带来不利影响；网络安全形势更为复杂；生态安全面临双重挑战；海外利益保护问题凸显等。尤其是随着中国的和平崛起和与外部世界深度互动，中国的海外利益以罕见的速度和幅度在世界范围内拓展，与此同时，中国海外利益保护明显滞后于海外利益蓬勃发展态势。

我国已经进入了实现中华民族伟大复兴的关键阶段。中国与世界的关系在发生深刻变化，我国同国际社会的互联互动也已变得空前紧密，我国对世界的依靠、对国际事务的参与在不断加深，世界对我国的依靠、对我国的影响也在不断加深。我们观察和规划改革发展，必须统筹考虑和综合运用国际国内两个市场、国际国内两种资源、国际国内两类规则。

中国必须有自己特色的大国外交，切实维护好我国外部安全和利益。我们要在总结实践经验的基础上，丰富和发展对外工作理念，使我国对外工作有鲜明的中国特色、中国风格、中国气派。要坚持中国共产党领导和中国特色社会主义，坚持我国的发展道路、社会制度、文化传统、价值观念。要坚持独立自主的和平外交方针，坚持把国家和民族发展放在自己力量的基点上，坚定不移走自己的路，走和平发展道路，同时决不能放弃我们的正当权益，决不能牺牲国家核心利益。要坚持国际关系民主化，坚持和平共处五项原则，坚持国家不分大小、强弱、贫富都是国际社会平等成员，坚持世界的命运必须由各国人民共同掌握，维护国际公平正义，特别是要为广大发展中国家说话。

包括维护我国外部安全和利益在内的一切对外工作，要根据党中央统一部署，高举构建人类命运共同体旗帜，推动全球治理体系朝着更加公正合理的方向发展。要坚持共商共建共享，推动“一带一路”建设走实走深、行稳致远，推动对外开放迈上新台阶。要运筹好大国关系，推动构建总体稳定、均衡发展的大国关系框架。要做好周边外交工作，推动周边环境更加友好、更加有利。要深化同发展中国家团结合作，推动形成携手共进、共同发展新局面。广大发展中国家是我国在国际事务中的天然同盟军，要坚持正确义利观，做好同发展中国家团结合作的大文章。要深入推动中国同世界深入交流、互学互鉴，在和平、发展、合作、共赢中最大限度地维护我国外部安全和利益。

名篇摘录

在处理内部安全与外部安全的关系上，关键是要办好自己的事，强大的国力、和谐的社会、凝聚的党心民心是国家安全的根本保障。与此同时，有效化解各种外部风险，将极大地促进国家安全的总体质量。历史上，中华民族屡遭外患，尤其是近代以来，由于西方列强的入侵，一度陷入半殖民地半封建的深渊，国家割地赔款，人民生灵涂炭，教训惨痛。

——摘录自《为中华民族伟大复兴营造有利的外部安全环境》，
倪峰，《人民日报》，2016 年 4 月 19 日

维护金融安全，是关系到我国经济社会发展全局的战略性、根本性大事。人民银行作为中央银行，要把防范和化解金融重大风险作为维护我国金融安全的重中之重，健全金融宏观审慎管理和金融风险防范、处置机制，防范和化解系统性、区域性金融风险。当前要特别关注外部输入风险，防止外部冲击、市场波动传染，积极防范化解重点机构风险，坚决守住不发生系统性金融风险底线。

——摘录自《央行：当前要特别关注外部输入风险》，
记者张莫，《经济参考报》，2019 年 7 月 2 日

践行提醒

我们要深刻把握新时代中国和世界发展大势，认真贯彻落实习近平外

交思想，切实维护我国海外利益安全，保护海外中国公民、组织和机构的安全和正当权益。要坚持以维护党中央权威为统领加强党对对外工作的集中统一领导，坚持以实现中华民族伟大复兴为使命推进中国特色大国外交，坚持以维护世界和平、促进共同发展为宗旨推动构建人类命运共同体，坚持以中国特色社会主义为根本增强战略自信，坚持以共商共建共享为原则推动“一带一路”建设，坚持以相互尊重、合作共赢为基础走和平发展道路，坚持以深化外交布局为依托打造全球伙伴关系，坚持以公平正义为理念引领全球治理体系改革，坚持以国家核心利益为底线维护国家主权、安全、发展利益，坚持以对外工作优良传统和时代特征相结合为方向塑造中国外交独特风范。我们要全面贯彻落实新时代中国特色社会主义外交思想，不断为实现中华民族伟大复兴的中国梦、推动构建人类命运共同体创造良好外部条件。

要认真贯彻落实总体国家安全观，增强全国人民对中国特色社会主义的道路自信、理论自信、制度自信，维护国家长治久安。必须坚持国家利益至上，以人民安全为宗旨，以政治安全为根本，统筹外部安全和内部安全、国土安全和国民安全、传统安全和非传统安全、自身安全和共同安全，完善国家安全制度体系，加强国家安全能力建设，坚决维护国家主权、安全、发展利益。要争取世界各国对中国梦的理解和支持，中国梦是和平、发展、合作、共赢的梦，我们追求的是中国人民的福祉，也是各国人民共同的福祉。要坚决维护领土主权和海洋权益，维护国家统一，妥善处理好领土岛屿争端问题。要维护发展机遇和发展空间，通过广泛开展经贸技术互利合作，努力形成深度交融的互利合作网络。要在坚持不结盟原则的前提下广交朋友，形成遍布全球的伙伴关系网络。要提升我国软实力，讲好中国故事，做好对外宣传，为维护我国外部安全和利益提供坚强有力保障。

要切实维护外部安全。要坚持共同、综合、合作、可持续的新安全观，积极塑造外部安全环境，加强安全领域合作，引导国际社会共同维护国际安全。切实维护我国海外利益安全，保护海外中国公民、组织和机构的安全和正当权益，努力形成强有力的海外利益安全保障体系。要进一步重视海外安全，维护好海外利益。我们要加紧研究、加大投入、加强防范，逐步提高海外安全保障能力和水平。

要以总体国家安全观统领对外安全工作。面对错综复杂的外部安全环境，我们必须坚持以总体国家安全观为根本遵循，加强对外安全工作的顶层设计、底线思维、策略运筹和统筹协调，化解各种风险，塑造有利态势。一是高举和平发展旗帜。二是倡导合作共赢的理念。三是运筹大国关系，维持全球战略稳定。四是经略大周边，打造周边命运共同体。五是以正确义利观深化与发展中国家合作。六是参与全球治理，争取更多国际话语权。七是打造“海外民生工程”。

当前和今后一个时期，要切实经略好大周边，打造周边命运共同体，秉持“亲、诚、惠、容”的周边外交理念，坚持与邻为善、以邻为伴，坚持睦邻、安邻、富邻，深化同周边国家的互利合作和互联互通。要切实运筹好大国关系，构建健康稳定的大国关系框架，扩大同发展中大国的合作。要切实加强同发展中国家的团结合作，把我国发展与广大发展中国家共同发展紧密联系起来。要切实推进多边外交，推动国际体系和全球治理改革，增加我国和广大发展中国家的代表性和话语权。要大力推进“一带一路”建设，实现地区国家间发展战略的对接，努力寻求同各方利益的汇合点，通过务实合作促进合作共赢，促进共同发展。要切实落实好正确义利观，做好对外援助工作，真正做到弘义融利。要坚持维稳与维权的统一，筑牢边海边防铜墙铁壁，防止各种周边安全风险向内传导。要始终确保我国外部安全，切实维护我国海外利益，不断提高保障能力和水平，加强保护力度。

28　领导干部要经受严格的思想淬炼、政治历练、实践锻炼

重要背景

2019年9月3日上午，习近平在中央党校（国家行政学院）秋季学期中青年干部培训班上发表的重要讲话中强调，斗争精神、斗争本领，不是与生俱来的。领导干部要经受严格的思想淬炼、政治历练、实践锻炼，在复杂严峻的斗争中经风雨、见世面、壮筋骨，真正锻造成为烈火真金。要学懂弄通做实党的创新理论，掌握马克思主义立场观点方法，夯实敢于斗争、善于斗争的思想根基，理论上清醒，政治上才能坚定，斗争起来才有底气、才有力量。要坚持在重大斗争中磨砺，越是困难大、矛盾多的地方，越是形势严峻、情况复杂的时候，越能练胆魄、磨意志、长才干。领导干部要主动投身到各种斗争中去，在大是大非面前敢于亮剑，在矛盾冲突面前敢于迎难而上，在危机困难面前敢于挺身而出，在歪风邪气面前敢于坚决斗争。

毛泽东十分重视党的干部队伍锤炼，他曾经强调："政治路线确定之后，干部就是决定的因素。"早在1937年他就说过："我们党的组织要向全国发展，要自觉地造就成万数的干部，要有几百个最好的群众领袖。这些干部和领袖懂得马克思列宁主义，有政治远见，有工作能力，富于牺牲精神，能独立解决问题，在困难中不动摇，忠心耿耿地为民族、为阶级、为党而工作。"毛泽东根据马克思主义辩证唯物论的观点，认为实践是认识的源泉，人们在改造客观世界的同时，自己的主观世界也得到改造，干部只有投身实践才能积累经验，增长才干。"读书是学习，使用也是学习，而且是更重要的学习。"毛泽东指出："无产阶级革命事业的接班人，是在

群众斗争中产生的，是在革命大风大浪的锻炼中成长的。应当在长期的群众斗争中，考察和识别干部，挑选和培养接班人。”他提倡坚持干部参加生产劳动的制度，认为“干部通过参加集体生产劳动，同劳动人民保持最广泛的、经常的、密切的联系。这是社会主义制度下一件带根本性的大事”。他反对干部脱离群众，脱离实际，高高在上，做官当老爷，指出，我们的干部，不论职位高低，都是人民的勤务员，都必须全心全意为人民服务。他提醒干部正确使用手中的权力，警惕资产阶级“糖衣炮弹”的进攻，抑制剥削阶级腐朽思想的侵蚀，防止蜕化变质，毫不留情地同各种腐败现象作斗争，保持党的干部队伍的纯洁性。他提倡知识分子同工农群众相结合，在思想感情上打成一片，认为这是改造世界观的一条有效途径。同时，毛泽东也非常重视干部的理论学习和培训。在延安时期那样艰苦的条件下，党就创立了延安抗日军政大学、中共中央党校和马列学院等培训干部的学校，毛泽东的《矛盾论》《实践论》《新民主主义论》，刘少奇的《论共产党员的修养》等，都是在这些学校所作的著名演讲。中华人民共和国成立以后，省、地、县各级党委普遍建立了党校，干部的学习培训形成制度，这是我们党培养干部的一大特色。

在改革开放和现代化建设的新的历史时期，邓小平多次强调，思想路线政治路线的实现要靠组织路线来保证。在1992年南方谈话中，他再次强调，中国的事情能不能办好，社会主义和改革开放能不能坚持，经济能不能快一点发展起来，国家能不能长治久安，从一定意义上说，关键在人。“中国要出问题，还是出在共产党内部对这个问题要清醒，要注意培养人，要按照‘革命化、年轻化、知识化、专业化’的标准，选拔德才兼备的人进班子。我们说党的基本路线要管一百年，要长治久安，就要靠这一条。真正关系到大局的是这个事。”邓小平在继承毛泽东对干部教育思想和我党干部教育优良传统的基础上，结合新的时代要求和新的干部教育实践，提出了一系列新观点、新论断。在干部教育的地位作用上，提出搞社会主义现代化，教育是基础、是关键。强调干部教育必须服从服务于社会主义现代化建设的大局。干部教育和培养“是一种能够收到很好效果的智力投资”；在干部教育的发展战略上，提出要面向现代化、面向世界、面向未来；在干部教育原则上，提出要精要管用；在干部教育目标上，提出归根到底是要出人才、出成果，特别是重视对年轻干部的培养；在干部教育内容上，提出了“一个根本”“三个着重”，即根本的是要学习马列主义、毛泽东思想，还要着重学习经济学、科学技术和管理；在干部教育的领导管理上，提出要有周密的计划，统一规划，建立经常制度；在干部教育的基地建设上，提出把办好学校、培训干部，看成社会主义最基本的建设；在学风建设上，强调学风问题是思想路线问题，要培养出好的学风。

开放论述

历史和现实都表明，一个政党、一个国家能不能不断培养出优秀领导人才，在很大程度上决定着这个政党、这个国家的兴衰存亡。我们党之所以能够始终保持强大的创造力、凝聚力、战斗力，成为革命、建设、改革事业发展的中流砥柱，团结带领人民战胜各种艰难险阻、取得一个又一个胜利，一个十分重要的原因就在于高度重视培养造就能够担当重任的干部队伍。新时代，我们党要团结带领人民实现“两个一百年”奋斗目标、实现中华民族伟大复兴的中国梦，必须贯彻新时代党的组织路线，努力造就一支忠诚干净担当的高素质干部队伍。

党的十八大以来，中央高度重视领导干部队伍建设，习近平就如何打造合格干部队伍，尤其是领导干部，发表了多次讲话。2013 年 6 月，习近平在全国组织工作会议上首次提出了好干部的“五条标准”：“好干部要做到信念坚定、为民服务、勤政务实、敢于担当、清正廉洁。”2014 年 3 月，习近平在参加十二届全国人大二次会议安徽代表团审议时，对干部提出了“三严三实”的要求。2014 年 10 月，习近平在对云南工作作出重要指示时，特别要求党员干部要“对党忠诚、个人干净、敢于担当”。2015 年 6 月，习近平在北京接见全国优秀县委书记时提出：“广大县委书记要以焦裕禄、杨善洲、谷文昌等同志为榜样，始终做到心中有党、心中有民、心中有责、心中有戒，做政治的明白人、发展的开路人、群众的贴心人和班子的带头人。”2015 年 12 月，习近平在全国党校工作会议上要求干部必须有“铁一般信仰、铁一般信念、铁一般纪律、铁一般担当”。在 2018 年 7 月召开的全国组织工作会议上，习近平提出新时代党的组织路线是：全面贯彻新时代中国特色社会主义思想，以组织体系建设为重点，着力培养忠诚干净担当的高素质干部，着力集聚爱国奉献的各方面优秀人才，坚持德才兼备、以德为先、任人唯贤，为坚持和加强党的全面领导、坚持和发展中国特色社会主义提供坚强组织保证。站在新的历史起点和重大时间节点上，习近平勉励年轻干部要经受严格的思想淬炼、政治历练、实践锻炼。思想淬炼、政治历练、实践锻炼，三者紧密结合，相辅相成，相互促进，是一个有机的整体。

陆游有一句诗写道：“人才自古要养成，放使干霄战风雨。”干部要成长成才，必须经风雨、见世面；干部要增强斗争本领，在斗争中历练就是最好的课堂。历史上的红军长征、抗日战争、抗美援朝等斗争，当下的中美贸易摩擦、香港问题也是斗争，当然我们推进深化改革、加强经济建设、坚持党的领导同样是斗争。现在，我们一些干部最缺的是实践经验，特别是缺少在重大斗争中经风雨、见世面的经历。不少干部工作很勤奋，对自己要求也严格，但一到大风大浪来了就没主见了，总希望一切都太太平平的，工作思路也就是这个思路，求稳心态有余，斗争精神不足。

有道是“人在世上练，刀在石上磨”。实践是个大熔炉、大学校，是培养好干部最管用最有效的办法。在实践中锻炼干部，是我们党培养干部的一条根本途径。培养好干部，一定要强化实践导向，引导干部走好在实践中成长成才之路。要注重在基层一线锤炼。越是条件艰苦、困难大、矛盾多的地方，越能锤炼人。要推动干部争先恐后到基层去、从基层一步一步成长起来，越是发展潜力大的，越要舍得派到基层去摔打、去“接地气”、去“墩墩苗”，让他们在干事中长本事、在历练中变老练。要注重在重点工作中磨炼。艰难困苦，玉汝于成。要引导干部尤其是年轻干部到那些矛盾多、困难大、任务重的地方，多经历一些大事要事、急事难事，在困难逆境中看意志、在挑战考验中看本领。要注重一步一个台阶历练。要坚持递进式培养，为干部搭建必要的成长台阶，让干部在不同层次、不同领域、不同岗位接受必要的锻炼，增长阅历、开阔视野，为以后更稳健的成长打牢基础。

名篇摘录

“大风大浪”喻指各种风险、挑战、斗争，许多同志是有做好工作的真诚愿望的，他们“工作很勤奋，对自己要求也严格”，但为什么一到大风大浪来了就没主见了？习近平一针见血地指出，我们一些干部最缺的是实践经验，特别是缺少在重大斗争中经风雨、见世面的经历。

干部没有在重大斗争中经过磨砺，就容易“求稳心态有余，斗争精神不足”，一旦重大考验来了，肯定会措手不及。

习近平强调，要加大遴选有这种经历干部的力度，同时要让没有实践经历的干部到重大斗争中去经受锻炼，在克难攻坚中增长胆识和才干。

——摘录自《干部队伍建设，习近平这 9 句话振聋发聩!》，王子晖，新华网，2019 年 1 月 24 日

首先，敢于担当要克服不作为的错误思想。

其次，敢于担当要勇于应对各种矛盾挑战。

第三，敢于担当要不断增强适应新时代新要求的能力。这就需要党员干部按照高素质专业化的要求，不断提高自身本领素质，解决本领恐慌问题。

——摘录自《建设忠诚干净担当的高素质干部队伍》，王京清，《求是》，2018 年第 17 期

践行提醒

思想淬炼、政治历练、实践锻炼，三者紧密结合，相辅相成，相互促进，是一个有机的整体。这既是我们党长期以来，特别是党的十八大以来

推进伟大斗争积累的宝贵经验，也是新形势下领导干部发扬斗争精神，提高斗争本领的根本方法。

思想淬炼是领导干部提高斗争本领的坚实根基。为什么要敢于斗争？为谁斗争、用什么来指导斗争？这些重大思想认识问题不解决或解决得不彻底，单纯地谈提高斗争本领，要么会本末倒置、避重就轻，要么会泛泛而谈、不得要领。近百年以来，党团结带领人民走过的风风雨雨、经历的坎坎坷坷，本质上都是在为人民利益而斗争，为中华民族伟大复兴而斗争，为永葆党的先进性和纯洁性而斗争。习近平总书记在“不忘初心、牢记使命”主题教育会议上强调：“思想政治受洗礼，重点是教育引导广大党员干部坚定对马克思主义的信仰、对中国特色社会主义的信念，传承红色基因，增强‘四个意识’、坚定‘四个自信’、做到‘两个维护’，自觉在思想上政治上行动上同党中央保持高度一致，始终忠诚于党、忠诚于人民、忠诚于马克思主义。”对每一名党员干部而言，践行这一要求，就是要自觉接受灵魂的砥砺和思想的洗礼，淬炼过硬的思想政治定力。思想淬炼的第一条、第一步，就是用习近平新时代中国特色社会主义思想把思想根基夯实筑牢，如此，面对斗争的新形势、新任务，才能牢牢把握正确斗争方向，增强斗争定力，夺取斗争胜利。

政治历练是领导干部提高斗争本领的重要保障。党员干部无论职级多高，所具备的政治能力都不是与生俱来的，也不是在朝夕之间练就的，必须把讲政治贯穿于党性锻炼全过程。要锤炼对党忠诚的政治品格，牢固树立“四个意识”，坚定“四个自信”，增强“两个维护”的思想自觉和行动自觉，在思想上政治上行动上同以习近平同志为核心的党中央保持高度一致。要不忘初心、牢记使命，以更宽的政治格局、更高的政治智慧、更强的政治担当，坚决贯彻执行党中央的决策部署，坚定不移在为人民谋幸福、为民族谋复兴的新征程中一往无前、矢志奋斗。要坚持从政治的高度来把握和思考问题，深刻认识进行伟大斗争的长期性、建设伟大工程的重要性、推进伟大事业的复杂性、实现伟大梦想的艰巨性，注重强化底线思维、风险意识，始终做到方向明确、大势清楚、全局掌握。要树立“功成不必在我，功成必定有我”的政绩观，充分认识到显绩、潜绩的不同，不管是台前还是幕后，都有做好自己的本职工作，更要结合自身实际，发挥自我价值最大化，完成自己的使命，更好地为人民服务。要牢固树立以人民为中心的工作导向，增强做好群众工作的本领，敢于到基础差、矛盾多、条件艰苦、环境复杂的地方去，践行党的群众路线，拜人民为师、甘当人民的学生，在为人民群众服务中不断磨炼个人心志，增长政治智慧、增强政治本领。

实践锻炼是领导干部提高斗争本领的强力支撑。“宰相必起于州郡，猛将必发于卒伍。”这是我国古代用人经验的深刻总结，在今天仍然有着重要的现实意义。加强实践锻炼，就是要求党员干部将各种理论学习与自己的实际行动相结合，知行合一，以用促学，在日常工作中去践行自己的使命和实现自我价值；多到基层一线锻炼，通过理论和实际相结合的基层工作实践，练就真本领、硬功夫；多到关键岗位锻炼，熟悉工作程序，体会责任的分量，积累基层工作经验，培养他们开拓进取、不怕失败、勇于创新、敢为人先的意识；多到改革开放前沿和艰苦地区实践锻炼，感受思想观念、思维方式、工作节奏的差异，在条件艰苦的地方磨炼意志和韧性，在工作局面复杂的地方提升解决实际问题的本领。

29 发扬斗争精神、提高斗争本领永远在路上

重要背景

2019年9月3日上午，习近平在中央党校（国家行政学院）秋季学期中青年干部培训班上发表的重要讲话中指出，社会是在矛盾运动中前进的，有矛盾就会有斗争。领导干部不论在哪个岗位、担任什么职务，都要勇于担当、攻坚克难，既当指挥员、又当战斗员，培养和保持顽强的斗争精神、坚韧的斗争意志、高超的斗争本领。我们在工作中遇到的斗争是多方面的，改革发展稳定、内政外交国防、治党治国治军都需要发扬斗争精神、提高斗争本领。全面从严治党、坚持马克思主义在意识形态领域的指导地位、全面深化改革、推进供给侧结构性改革、推动高质量发展、消除金融领域隐患、保障和改善民生、打赢脱贫攻坚战、治理生态环境、应对重大自然灾害、全面依法治国、处理群体性事件、打击黑恶势力、维护国家安全，等等，都要敢于斗争、善于斗争。

1949年3月23日，在中共中央即将离开西柏坡之际，毛泽东提出了著名的“赶考”命题。这个时期，中国共产党即将走向全面执政，这对于长期从事革命斗争的党来说是一个崭新的课题。以毛泽东同志为核心的党的第一代中央领导集体，认真总结党的历史经验，针对“赶考”前夕面临的新形势，系统地制定了一系列党的纪律规矩，为我党的建设打下了坚实的基础。具有强烈忧患意识的毛泽东在党的七届二中全会上指出：“夺取全国胜利，这只是万里长征走完了第一步……但革命以后的路程更长，工作更伟大，更艰苦。”毛泽东对身边工作人员说过：“我们进北平，可不是李自成进北平。他们进了北平就变了。我们共产党人进北平，是要继续革

命，建设社会主义，直到实现共产主义”。同时还提出了著名的“两个务必”论述。这些思想折射出共产党人在巨大成就面前戒骄戒躁的忧患意识，也包含着革命斗争永远在路上，艰苦奋斗的传统不能丢的丰富思想。

1978 年党的十一届三中全会，我们党作出了实行改革开放的历史性决策，中国共产党人始终践行“两个务必”，自觉发扬党的优良传统和作风，继续抓好经济、政治和思想文化等方面的斗争。邓小平反复提醒全党：“中国搞四个现代化，要老老实实地艰苦创业”。他突出强调，不把党风搞好、恢复生动活泼的政治局面，我们党就不能带领全国人民顺利进行现代化建设。针对党内不敢讲话、不敢讲老实话、弄虚作假的不良风气，1978 年 12 月，邓小平在中央工作会议闭幕会上的讲话《解放思想，实事求是，团结一致向前看》中强调，要“创造民主的条件”，真正在党内实行民主集中制。邓小平特别提出：“必须使民主制度化、法律化，使这种制度和法律不因领导人的改变而改变，不因领导人的看法和注意力的改变而改变。”为全面恢复党的优良传统，使党内政治生活逐步走上正轨，1980 年 2 月，党的十一届五中全会讨论通过《关于党内政治生活的若干准则》，其主要精神在今天仍然具有现实指导作用。1984 年十二届三中全会后，改革开放不断向纵深发展，邓小平突出强调全党要“讲政治”“守纪律”。1989 年 3 月，他深刻反思说，10 年来“最大的失误是在教育方面，思想政治工作薄弱了”，“在经济得到可喜发展、人民生活水平得到改善的情况下，没有告诉人民，包括共产党员在内，应该保持艰苦奋斗的传统。坚持这个传统，才能抗住腐败现象”。

开放论述

敢于斗争、善于斗争，是共产党人鲜明的政治品格和无畏的英雄气概。无论是在血雨腥风的战争年代，还是在激情燃烧的社会主义建设和改革时期，一大批共产党人始终以国家民族利益为重、以人民幸福安康为念，顽强拼搏、勇敢战斗，奉献着智慧、心血乃至生命。正是这些斗争的伟大胜利，为党和军队事业打下了强大的精神基础和物质基础，也为我们赢得了荣耀和尊严。历史的经验告诉我们，斗争精神永远都不能丧失，斗争本领需要不断磨炼，发扬斗争精神、提高斗争本领永远在路上。

从人类社会发展的内在规律看，人类社会是在矛盾运动中发展前进的，有矛盾就有斗争。矛盾无处不在、无时不有，是事物发展的源泉和动力。人类社会也充满形形色色的矛盾，这些矛盾内部和彼此之间的对立统一及其运动规律支配和推动社会不断向前发展。我们党目前团结带领全国各族人民进行的建设中国特色社会主义这一伟大事业，以及推进党的自身建设的伟大工程，就是在不断地直面和解决矛盾的过程。矛盾发展没有止境，发扬斗争精神、提高斗争本领永远在路上。

从我们面临的形势和挑战来看，世界大局加速演变，国际形势云谲波诡，我国外部环境复杂严峻，一些国家蓄意阻碍和破坏中华民族的伟大复兴进程；我国发展不平衡不充分的一些突出问题尚未解决，意识形态领域斗争依然复杂，国家治理体系和治理能力有待加强；我们党面临的执政环境及影响党的先进性、弱化党的纯洁性的因素是复杂的，党内存在的思想不纯、组织不纯、作风不纯等突出问题尚未得到根本解决，党面临的“四大考验”“四种危险”依然严峻而复杂。有效应对这些挑战、解决这些难题，没有锐意进取的斗争精神和丰富高超的斗争本领是做不到的。

今天，我们已经进入中国特色社会主义新时代，进入夺取伟大斗争新胜利的重要攻坚阶段。就像登山，越接近峰顶空气越稀薄，山势越陡峭，条件越险恶，体力消耗越大。要想取得伟大斗争新胜利，取得伟大工程、伟大事业、伟大梦想的全面胜利，没有斗争精神不行，没有斗争本领也不行。党的十九大报告指出，“实现伟大梦想，必须进行伟大斗争”“发扬斗争精神，提高斗争本领，不断夺取伟大斗争新胜利”。保持和发扬斗争精神，练就和增强斗争本领，是进行伟大斗争对各级领导干部提出的必然要求，是领导干部的必修课和终身课题。

名篇摘录

党面临的可以预料和难以预料的挑战和风险决定了全面从严治党必须

永远在路上。新形势下，党面临的执政考验、改革开放考验、市场经济考验、外部环境考验是长期的、复杂的、严峻的，精神懈怠危险、能力不足危险、脱离群众危险、消极腐败危险更加尖锐地摆在全党面前。各种未知的困难和风险也将有待我们党团结带领人民去克服、去化解。

——摘录自《全面从严治党永远在路上》，
欧阳淞，《求是》，2016 年第 24 期

新时代弘扬“赶考”精神，就是要不断筑牢以人民为中心的宗旨观。习近平总书记指出：“从实现‘两个一百年’目标到实现中华民族伟大复兴的中国梦，我们正在征程中。‘考试’仍在继续，所有领导干部和全体党员要继续把人民对我们党的‘考试’、把我们党正在经受和将要经受各种考验的‘考试’考好，努力交出优异的答卷。”“人民群众是这场考试的‘考官’，造福人民才是最大的政绩”。

——摘录自《“赶考”永远在路上》，
王红，《中国纪检监察报》，2019 年 3 月 22 日

践行提醒

建设中国特色社会主义、实现中华民族伟大复兴的中国梦是一个长期的过程。发扬斗争精神、提高斗争本领也不可能一劳永逸，而是一个长期的过程，没有休止符，只有进行曲；没有完成时，只有持久战。打好持久战就像“拧螺丝”一样，要完善相关制度，建立长效机制，加强督促检查，在“常、长”二字上下功夫，步步深化，久久为功。

保持“发扬斗争精神、提高斗争本领”永远在路上的状态，首先要树立终身学习的理念。早在延安时期，毛泽东就说过：“我们队伍里边有一种恐慌，不是经济恐慌，也不是政治恐慌，而是本领恐慌。”习近平曾指出，“本领恐慌”在党内相当一个范围、相当一个时期都是存在的。学习能力决定斗争能力，斗争能力取决于学习能力。在这个充盈着激烈竞争的全新世界，唯一的优势就是终身学习。终身学习是社会每个成员为适应社

会发展和实现个体发展的需要，贯穿于人的一生的，持续的学习过程。作为党的干部，要始终将学习放在重要位置，要沉下心来、持之以恒地将所学知识学懂弄通。学习只有起点，没有终点，所有成功的背后，永远是艰辛的努力，只要我们坚持下去，则必能积少成多、积沙成塔，积跬步以至千里。党的十八大以来，习近平多次谈到如何学哲学用哲学，明确发出了一个信号，那就是党员干部要紧揣“知识恐慌感”“本领危机感”，发扬我党学哲学用哲学的好传统，学精悟透用好马克思主义哲学这一看家本领。学哲学是基本，用哲学是关键，活学活用乃至上。对于马克思主义哲学，只有学了、悟了、用了，才能体现其价值。党员干部要谨记“学习永远在路上”，读原著、学原文、悟原理，终身学习，一生不辍，彻底根治“本领危机症”和“知识恐慌症”。要老老实实学，原原本本学，带着问题学、深入实践学，在学习与实践之书中学思践悟，学而懂、学而信、学而用、学而行，增强“四个意识”，坚定“四个自信”，做到“两个维护”，不断增强斗争精神、提高斗争本领，成为思想和政治过硬的好干部。

保持“发扬斗争精神、提高斗争本领”永远在路上的状态，其次要有明确的斗争方向。进行具有许多新的历史特点的伟大斗争，不能忘了中国共产党是什么、要干什么这个根本问题，大方向就是坚持中国共产党领导和我国社会主义制度不动摇，不能在日益复杂的斗争中迷失了自我、迷失了方向。中国共产党领导是中国特色社会主义最本质的特征，是中国特色社会主义制度的最大优势。无数事实都证明，削弱、否定党的领导，国家就会陷入灾难，人民就会步入苦难。自我们党成立以来，凡是党中央有权威、党团结统一的时候，党就能汇聚全党全军全国人民的力量攻坚克难，反之则会遭受挫折。正因如此，凡是危害中国共产党领导和我国社会主义制度的各种风险挑战，凡是危害我国主权、安全、发展利益的各种风险挑战，凡是危害我国核心利益和重大原则的各种风险挑战，凡是危害我国人民根本利益的各种风险挑战，凡是危害我国实现“两个一百年”奋斗目标、实现中华民族伟大复兴的各种风险挑战，只要来了，我们就必须进行坚决斗争，而且必须取得斗争胜利。并且要坚持不懈进行长期斗争，还要确保在长期斗争中必须取得斗争胜利。

保持“发扬斗争精神、提高斗争本领”永远在路上的状态，再次要明确斗争的形势和任务。我们共产党人的斗争，从来都是奔着矛盾问题、风险挑战去的。当前和今后一个时期，我国发展进入各种风险挑战不断积累甚至集中显露的时期，面临的重大斗争不会少，经济、政治、文化、社会、生态文明建设和国防和军队建设、港澳台工作、外交工作、党的建设等方面都有，而且越来越复杂。领导干部要有草摇叶响知鹿过、松风一起知虎来、一叶易色而知天下秋的见微知著能力，对潜在的风险有科学预判，知道风险在哪里，表现形式是什么，发展趋势会怎样，该斗争的就要斗争。一在事关中国特色社会主义前途命运的大是大非问题上，坚决反对一切削弱、歪曲、否定党的领导和我国社会主义制度的言行；对于大是大非问题要态度鲜明，支持什么、反对什么理直气壮地说、光明正大地做，不能含糊其辞、语焉不详。二在改革发展稳定工作中，坚决破除一切顽瘴痼疾，坚决反对一切损害人民利益、脱离群众的行为。三在全面从严治党方面，坚持作风建设永远在路上，坚决同破坏政治纪律和政治规矩的行为以及形式主义、官僚主义等不良作风作斗争，坚决同腐败现象和歪风邪气作斗争。四在应对外部压力和维护我国主权、安全、发展利益方面，要统筹国内国际两个大局、发展安全两件大事，有效防范各类风险联动，特别是要在维护国家核心利益上敢于针锋相对，坚决反对一切分裂祖国、破坏民族团结和社会和谐稳定的行为。五在防范和化解各类风险上，要注意观大势、谋长远，深刻认识和准确把握我国改革发展稳定面临的新情况新问题新挑战，坚持底线思维，增强忧患意识，提高防控能力，备好防范和抵御风险的先手，练就应对和化解风险挑战的高招，努力防范化解政治、意识形态、经济、科技、社会、外部环境、党的建设等领域的重大风险挑战。

30 永远把人民对美好生活的向往作为奋斗目标

重要背景

2017年10月18日，习近平在党的十九大报告中指出："全党同志一定要永远与人民同呼吸、共命运、心连心，永远把人民对美好生活的向往作为奋斗目标。"这一论述既一脉相承地反映了我们党不忘初心、坚定立场的根本宗旨，又审时度势地指明了我们党立足人民美好生活的奋斗目标。之后，习近平总书记多次强调"永远把人民对美好生活的向往作为奋斗目标"。

为人民谋幸福、为民族谋复兴，是毛泽东一生的追求。毛泽东强调："共产党员是一种特别的人，他们完全不谋私利，而只为民族与人民求福利。""马克思列宁主义的基本原则，就是要使群众认识自己的利益，并且团结起来，为自己的利益而奋斗。""共产党人的一切言论行动，必须以合乎最广大人民群众的最大利益，为最广大人民群众所拥护为最高标准。"共产党的一个重要责任就是唤起人民群众的利益主体自觉，团结起来为实现自身利益共同奋斗。

毛泽东指出："我们是以占全人口百分之九十以上的最广大群众的目前利益和将来利益的统一为出发点的。"群众是最实际的，获得了目前利益就能从切身感受中体会到共产党是代表自己利益的，才会在党的领导下为争取将来的更大的利益而奋斗。他还指出："一切空话都是无用的，必须给人民以看得见的物质福利。"并且强调："这是我们党的根本路线、根本政策"，这样就提升了对满足人民物质需要的认识。也只有这样，才能更好地贯彻党的群众路线，实现党的宗旨。

邓小平指出："贫穷不是社会主义，社会主义要消灭贫穷。不发展生产力，不提高人民的生活水平，不能说是符合社会主义要求的。""社会主义的本质，是解放生产力，发展生产力，消灭剥削，消除两极分化，最终达到共同富裕。""在经济政策上，我认为要允许一部分地区、一部分企业、一部分工人农民，由于辛勤努力成绩大而收入先多一些，生活先好起来。一部分人生活先好起来，就必然产生极大的示范力量，影响左邻右舍，带动其他地区、其他单位的人们向他们学习。这样，就会使整个国民经济不断地波浪式地向前发展，使全国各族人民都能比较快地富裕起来。""中国社会是不是安定，中国经济能不能发展，首先要看农村能不能发展，农民生活是不是好起来。""我们的各项工作都要以人民拥护不拥护，人民赞成不赞成，人民高兴不高兴，人民答应不答应为标准，只有这样，才能把群众紧密地团结在党的周围，按照党所指导的方向和道路前进。"

开放论述

在十八届中央政治局常委同中外记者见面时，习近平郑重宣示："人民对美好生活的向往，就是我们的奋斗目标"。习近平在党的十九大报告中指出："全党同志一定要永远与人民同呼吸、共命运、心连心，永远把人民对美好生活的向往作为奋斗目标。"以习近平同志为核心的党中央念兹在兹的是人民，身体力行的是为了人民。"永远把人民对美好生活的向往作为奋斗目标"体现了我们党有别于其他政党的人民立场和民族使命；彰显了我们党勇于实践、敢于创新的马克思主义基本精神；凸显了人心向背是党的前途和命运的决定性因素；展现了我们党永不懈怠精神状态和一往无前奋斗姿态的重要性。

我们党来自人民、为了人民、服务人民，党的一切工作，必须以最广大人民根本利益为最高标准。在中国革命、建设和改革各个历史时期，我们党始终坚持全心全意为人民服务的根本宗旨，从来没有动摇、偏离、懈怠。人民群众是发展的主体，也是发展的最大受益者。带领人民创造幸福生活，是我们党始终不渝的奋斗目标。党的十八大以来，习近平提出坚持以人民为中心的发展思想，强调“发展为了人民、发展依靠人民、发展成果由人民共享”，“人民对美好生活的向往，就是我们的奋斗目标”，从马克思主义唯物史观的高度，进一步科学回答了当代中国究竟“为谁发展”“靠谁发展”的基本问题，反映了坚持人民主体地位的内在要求和人民至上的价值取向，指明了坚持和发展中国特色社会主义、实现中国梦的前进方向。

牢牢把握人民群众对美好生活的向往，彰显了我们党全心全意为人民服务的根本宗旨，是坚持以人民为中心的发展思想的必然要求。党的十八大以来，以习近平同志为核心的党中央始终把人民群众对美好生活的向往放在心中最高位置，想群众之所想、急群众之所急、解群众之所困，始终把改善人民生活、增进人民福祉作为一切工作的出发点和落脚点。在经济下行压力下各项民生指标逆势上扬，改革发展成果更多更公平惠及全体人民，不断增强着人民群众的获得感、幸福感、安全感，充分体现出“让老百姓过上好日子是我们一切工作的出发点和落脚点”的价值追求，充分调动了人民群众的积极性、主动性、创造性，有力推动了改革开放和社会主义现代化建设事业。实践表明，人民得实惠最多的时期，往往是历史上发展最好的时期。看得到益处，群众的干劲才会更足。毛泽东指出：“一切空话都是无用的，必须给人民以看得见的物质福利。”并且强调：“这是我们党的根本路线、根本政策”。中国梦是国家梦、民族梦，归根结底，是人民的梦，最终落到人民的幸福生活上。实践证明，坚持和发展中国特色社会主义、实现中国梦，只有同中国人民对美好生活的向往结合起来才能取得成功。

我们的人民热爱生活，期盼有更好的教育、更稳定的工作、更满意的收入、更可靠的社会保障、更高水平的医疗卫生服务、更舒适的居住条件、更优美的环境，期盼孩子们能成长得更好、工作得更好、生活得更好。人民对美好生活的向往，就是我们的奋斗目标。人世间的一切幸福都要靠辛勤的劳动来创造。我们的责任，就是要团结带领全党全国各族人民，继续解放思想，坚持改革开放，不断解放和发展生产力，努力解决群众的生产生活困难，坚定不移走共同富裕的道路。

名篇摘录

我们是答卷人。以习近平同志为核心的党中央，始终把改善人民生活、增进人民福祉置于重中之重位置。为了更好服务人民，我们深化党和国家机构改革；为了实现“小康路上一个都不能掉队”目标，我们坚决打好脱贫攻坚战这场硬仗；为了解决发展不平衡不充分问题，我们大力推动高质量发展……一项项利民措施精准落地，一系列改革任务加速推进，我们党始终同人民想在一起、干在一起，推动党和国家事业朝着满足人民日益增长的美好生活需要的目标迈进。

人民是阅卷人。我国经济社会大局保持稳定，幼有所育、学有所教、劳有所得、病有所医、老有所养、住有所居、弱有所扶持续取得新进展。大规模整治农村人居环境，越来越多的乡村绿了起来、美了起来，更加生态宜居；全面推行“马上办”等审批服务，“办事难、办事慢”等问题少了，群众办事更方便；扎实推进扫黑除恶专项斗争，一批黑恶势力被依法铲除、“保护伞”被深挖查处，社会治安秩序更好……人民群众与日俱增的幸福感、获得感、安全感，标志着人民对这一年答卷的满意度，为新时代写下温暖注脚。

——摘录自《为了人民对美好生活的向往》，

《人民日报》，2018 年 10 月 19 日

牢牢把握人民群众对美好生活的向往，是对我国社会发展阶段性特征的深化认识和准确把握，是全面推进中国特色社会主义伟大事业的迫切需要。牢牢把握人民群众对美好生活的向往，必须体现在经济社会发展各个环节，不断实现好、维护好、发展好最广大人民的根本利益。

天下顺治在民富，天下和静在民乐。让我们紧密团结在以习近平同志为核心的党中央周围，高举中国特色社会主义伟大旗帜，坚定不移践行以人民为中心的发展思想，牢牢把握人民群众对美好生活的向往，奋力开创

中国特色社会主义发展新境界，确保党始终同人民想在一起、干在一起，引领承载着中国人民伟大梦想的航船破浪前进，胜利驶向中华民族伟大复兴的光辉彼岸！

——摘录自《牢牢把握人民群众对美好生活的向往》，
《求是》，2017 年 9 月 18 日

践行提醒

一是必须始终把人民放在心中最高的位置，始终坚持以人民为中心的发展思想，切实把“全心全意为人民服务”的宗旨转化为人民群众看得见、摸得到的利益、福祉。“群之所为事无不成，众之所举业无不胜。”始终把人民放在心中最高的位置，始终全心全意为人民服务，始终为人民利益和幸福而努力工作，我们就一定能让幸福的阳光普照神州大地，让改革发展成果更多更公平惠及全体人民。从十八届中央政治局常委同中外记者见面时郑重宣示“人民对美好生活的向往，就是我们的奋斗目标”，到在党的十九大报告中深情昭告全党要“永远与人民同呼吸、共命运、心连心”，习近平总书记念兹在兹的是人民，身体力行的是为了人民。回望过去，我们党之所以能让发展更有温度、幸福更有质感，根本就在于始终坚持以人民为中心的发展思想，始终坚持改善人民生活、增进人民福祉，始终坚持为人民不懈奋斗、同人民一起奋斗。

二是必须紧紧依靠群众，积极发动群众，正确引领群众，充分激发群众主观能动性，充分发挥群众首创精神，带领广大人民群众为争取将来的更大的利益、福祉而努力拼搏。要实现人民对美好生活的向往，党是领导核心，人民是主体力量。而要实现人民对美好生活的向往这个奋斗目标，就必须充分依靠群众，践行党的群众路线。习近平总书记在党的十九大报告中强调，“把党的群众路线贯彻到治国理政全部活动之中，把人民对美好生活的向往作为奋斗目标，依靠人民创造历史伟业”。因此，我们要坚持问计于民、问政于民、问需于民，拜群众为师、向群众学习。要深入调查研究，了解人民的利益诉求和迫切愿望，准确把握人民对美好生活的新

期待。

三是必须满足人民对美好生活的期待，确保人民群众时时刻刻感觉到、体验到实实在在的获得感、幸福感、安全感，可客观量化的获得指数、幸福指数、安全指数不断上扬。中国共产党领导发展的终极目标是让人民过上更美好生活。把人民对美好生活的向往作为奋斗目标，不能是空喊口号，纸上谈兵，而应该体现在持续增强大众获得感、不断提升人民的福祉之中。要主动对标社会主要矛盾新变化的科学论断，拉高发展标杆，提升发展质量和效益，更好地实现人民对美好生活的向往，满足人民对美好生活的新期待。只要全党能够始终坚守人民立场，做到始终把人民对美好生活的向往作为奋斗目标，永葆对人民的赤子之心，我们党就能永远立于不败之地。

附件：

习近平在中央党校（国家行政学院）中青年干部培训班开班式上发表重要讲话

（2019 年 9 月 3 日）

新华社北京 9 月 3 日电　2019 年秋季学期中央党校（国家行政学院）中青年干部培训班 3 日上午在中央党校开班。中共中央总书记、国家主席、中央军委主席习近平在开班式上发表重要讲话强调，广大干部特别是年轻干部要经受严格的思想淬炼、政治历练、实践锻炼，发扬斗争精神，增强斗争本领，为实现“两个一百年”奋斗目标、实现中华民族伟大复兴的中国梦而顽强奋斗。

中共中央政治局常委、中央书记处书记王沪宁出席开班式。

习近平指出，马克思主义产生和发展、社会主义国家诞生和发展的历程充满着斗争的艰辛。建立中国共产党、成立中华人民共和国、实行改革开放、推进新时代中国特色社会主义事业，都是在斗争中诞生、在斗争中发展、在斗争中壮大的。当今世界正处于百年未有之大变局，我们党领导的伟大斗争、伟大工程、伟大事业、伟大梦想正在如火如荼进行，改革发展稳定任务艰巨繁重，我们面临着难得的历史机遇，也面临着一系列重大风险考验。胜利实现我们党确定的目标任务，必须发扬斗争精神，增强斗争本领。

习近平强调，中华民族伟大复兴，绝不是轻轻松松、敲锣打鼓就能实现的，实现伟大梦想必须进行伟大斗争。在前进道路上我们面临的风险考验只会越来越复杂，甚至会遇到难以想象的惊涛骇浪。我们面临的各种斗争不是短期的而是长期的，至少要伴随我们实现第二个百年奋斗目标全过程。必须增强“四个意识”，坚定“四个自信”，做到“两个维护”，坚定斗争意志，当严峻形势和斗争任务摆在面前时，骨头要硬，敢于出击，敢战能胜。

习近平强调，共产党人的斗争是有方向、有立场、有原则的，大方向就是坚持中国共产党领导和我国社会主义制度不动摇。凡是危害中国共产党领导和我国社会主义制度的各种风险挑战，凡是危害我国主权、安全、发展利益的各种风险挑战，凡是危害我国核心利益和重大原则的各种风险挑战，凡是危害我国人民根本利益的各种风险挑战，凡是危害我国实现“两个一百年”奋斗目标、实现中华民族伟大复兴的各种风险挑战，只要来了，我们就必须进行坚决斗争，而且必须取得斗争胜利。我们的头脑要特别清醒、立场要特别坚定，牢牢把握正确斗争方向，做到在各种重大斗争考验面前“不畏浮云遮望眼”，“乱云飞渡仍从容”。

习近平指出，我们共产党人的斗争，从来都是奔着矛盾问题、风险挑战去的。当前和今后一个时期，我国发展进入各种风险挑战不断积累甚至集中显露的时期，面临的重大斗争不会少，经济、政治、文化、社会、生态文明建设和国防和军队建设、港澳台工作、外交工作、党的建设等方面都有，而且越来越复杂。领导干部要有草摇叶响知鹿过、松风一起知虎来、一叶易色而知天下秋的见微知著能力，对潜在的风险有科学预判，知道风险在哪里，表现形式是什么，发展趋势会怎样，该斗争的就要斗争。

习近平强调，斗争是一门艺术，要善于斗争。在各种重大斗争中，我们要坚持增强忧患意识和保持战略定力相统一、坚持战略判断和战术决断相统一、坚持斗争过程和斗争实效相统一。领导干部要守土有责、守土尽责，召之即来、来之能战、战之必胜。

习近平指出，要注重策略方法，讲求斗争艺术。要抓主要矛盾、抓矛盾的主要方面，坚持有理有利有节，合理选择斗争方式、把握斗争火候，在原则问题上寸步不让，在策略问题上灵活机动。要根据形势需要，把握时、度、效，及时调整斗争策略。要团结一切可以团结的力量，调动一切积极因素，在斗争中争取团结，在斗争中谋求合作，在斗争中争取共赢。

习近平强调，斗争精神、斗争本领，不是与生俱来的。领导干部要经受严格的思想淬炼、政治历练、实践锻炼，在复杂严峻的斗争中经风雨、见世面、壮筋骨，真正锻造成为烈火真金。要学懂弄通做实党的创新理论，掌握马克思主义立场观点方法，夯实敢于斗争、善于斗争的思想根基，理论上清醒，政治上才能坚定，斗争起来才有底气、才有力量。要坚持在重大斗争中磨砺，越是困难大、矛盾多的地方，越是形势严峻、情况复杂的时候，越能练胆魄、磨意志、长才干。领导干部要主动投身到各种斗争中去，在大是大非面前敢于亮剑，在矛盾冲突面前敢于迎难而上，在危机困难面前敢于挺身而出，在歪风邪气面前敢于坚决斗争。

习近平指出，社会是在矛盾运动中前进的，有矛盾就会有斗争。领导干部不论在哪个岗位、担任什么职务，都要勇于担当、攻坚克难，既当指挥员、又当战斗员，培养和保持顽强的斗争精神、坚韧的斗争意志、高超的斗争本领。我们在工作中遇到的斗争是多方面的，改革发展稳定、内政外交国防、治党治国治军都需要发扬斗争精神、提高斗争本领。全面从严治党、坚持马克思主义在意识形态领域的指导地位、全面深化改革、推进供给侧结构性改革、推动高质量发展、消除金融领域隐患、保障和改善民生、打赢脱贫攻坚战、治理生态环境、应对重大自然灾害、全面依法治国、处理群体性事件、打击黑恶势力、维护国家安全，等等，都要敢于斗争、善于斗争。领导干部要做敢于斗争、善于斗争的战士。

陈希主持开班式并讲话。他表示，要把学习贯彻习近平新时代中国特色社会主义思想作为根本任务，作为全部工作的主题主线，自觉主动学、及时跟进学、联系实际学、笃信笃行学，增强“四个意识”，坚定“四个自信”，做到“两个维护”，锤炼忠诚干净担当的政治品格，发扬斗争精神、提高斗争本领，把初心和使命落实到本职岗位上、一言一行中，为实现“两个一百年”奋斗目标、实现中华民族伟大复兴的中国梦作出应有贡献。

丁薛祥、黄坤明出席开班式。

2019 年秋季学期中央党校（国家行政学院）中青年干部培训班学员参加开班式，中央有关部门负责同志列席开班式。

（来源：新华社 2019 年 9 月 3 日）

后 记

本书立足当前现实，针对不断出现的矛盾、问题、困难，结合习近平总书记最新重要讲话精神，以新颖独到的视角、权威翔实的资料、通俗易懂的语言、深入浅出的道理，从斗争的艰辛历程、“伟大斗争”、斗争方向立场原则、斗争精神、斗争意志、斗争本领、斗争艺术、当前斗争重点难点急点等方面，阐述了党员领导干部新时代如何在知行合一中敢于斗争、善于斗争、斗则必胜，提出了实践要求、工作指导和践行提醒。既有理论上的探讨性、前瞻性、引导性，又有实践上的针对性、实用性、时效性；既可作为党员干部自我净化、自我完善、自我革新、自我提高的理论读物，也可作为将要走进干部队伍的读者朋友自我学习、自我励志、自我改造、自我修炼的辅导读物。尤其是有助于广大党员干部学习领会贯彻习近平总书记关于发扬斗争精神提高斗争本领重要讲话精神，增强“四个意识”，坚定“四个自信”，做到“两个维护”，锤炼忠诚干净担当的政治品格，自觉主动争做敢于斗争、善于斗争的战士。

本书由主编杨瑞勇策划、确定写作思路与格式、制定目录提纲，负责撰写第 4 至第 7 章、第 15 至第 18 章、第 20 章、第 22 至第 27 章、第 30 章及前言、后记初稿，并负责统稿、统改、出版社初审后的复改以及与出版社沟通协调等；副主编刘荣华负责撰写第 1 章、第 8 至第 11 章初稿；沈波濒负责撰写第 12 至第 14 章、第 28 章、第 29 章初稿；翟福军负责撰写第 19 章、第 21 章初稿；吴广庆负责撰写第 2 章、第 3 章初稿。我们在编写过程中参考了学术界的一些研究成果，并且引用了部分党政领导的讲话精神、精辟观点、典型案例等，因本书不是学术著作，故没有在文中一一标明出处，在此一并表示诚挚的谢意！

由于水平所限，书中疏漏甚至错误之处在所难免，敬请广大读者批评指正。

编　者

2019年9月28日